LISA NIESCHLAG · LARS WENTRUP

FOTOGRAFIEN von
JULIA CAWLEY und LISA NIESCHLAG

Hölker Verlag

INHALT

Rezepte

09	Weihnachtliche Cantuccini
11	Grümmelplätzchen
12	Handpies mit Pflaumenfüllung
19	Mandelhörnchen
21	Feine Haferflockenkekse
22	Heiße Schokolade
29	Marzipanwaffeln
30	Pistazienkekse
33	Schokoküchlein
34	Weihnachtstarte
41	Glühwein-Gelee
42	Vanille-Mandel-Tartelettes
47	Vanillekipferl
49	Winterapfelplätzchen
52	Zimtschnecken-Kekse
58	Schoko-Kokos-Makronen
61	Spekulatius-Himbeerzauber
67	Rosinen-Aprikosen-Kekse
69	Schneeflocken
70	Florentiner Ecken
77	Bratapfelkuchen
78	Rumkugeln
85	Mini-Stollen
87	Gebrannte Mandeln
93	Mohnstollen
95	Holländische Pfeffernüsse

Do it Yourself

14	Goldener Hirsch
15	Glitzergläser
17	Wärmekissen
24	Schälchen
25	Nussknacker
27	Weihnachtspost
36	Goldiges Porzellan
38	Zementgebirge
45	Jutepost
55	Winterland
56	Zementhäuser
62	Adventskalender im Glas
65	Adventskalender
72	Stempel homemade
74	Geschenkpapier
80	Weihnachtskugeln
81	Zollstocksterne
83	Oh Tannenbaum
89	Tassenknödel
90	Gugelhupf-Kranz
96	Kupferliebe
100	Weihnachtsanhänger
103	Kopiervorlagen
109	Register

ADVENT, ADVENT

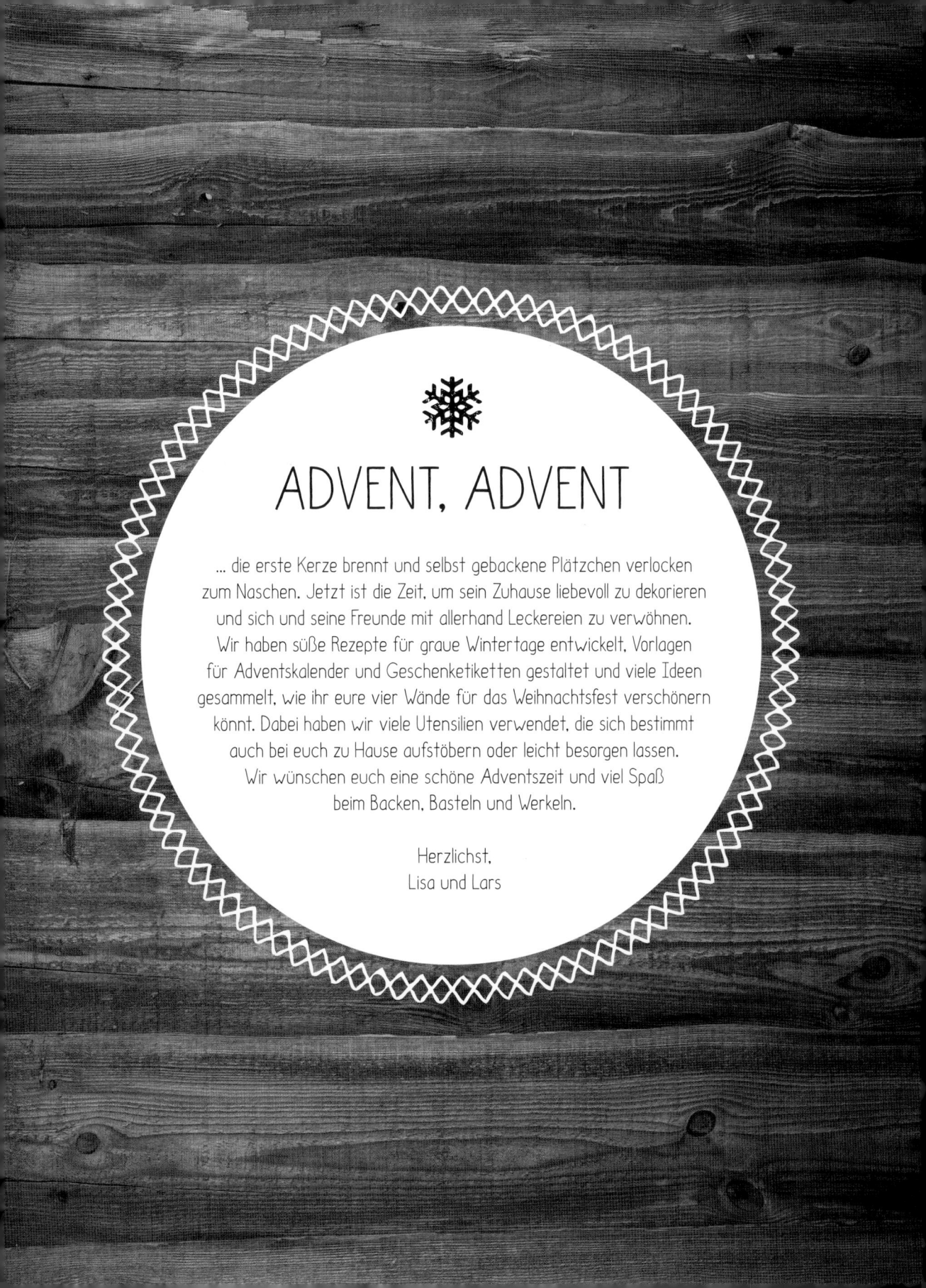

… die erste Kerze brennt und selbst gebackene Plätzchen verlocken zum Naschen. Jetzt ist die Zeit, um sein Zuhause liebevoll zu dekorieren und sich und seine Freunde mit allerhand Leckereien zu verwöhnen. Wir haben süße Rezepte für graue Wintertage entwickelt, Vorlagen für Adventskalender und Geschenketiketten gestaltet und viele Ideen gesammelt, wie ihr eure vier Wände für das Weihnachtsfest verschönern könnt. Dabei haben wir viele Utensilien verwendet, die sich bestimmt auch bei euch zu Hause aufstöbern oder leicht besorgen lassen. Wir wünschen euch eine schöne Adventszeit und viel Spaß beim Backen, Basteln und Werkeln.

Herzlichst,
Lisa und Lars

WEIHNACHTEN
in guten Händen

Dank Lisas Kreativität und ihrer Liebe zu Kulinarischem kommen die Leser beim Backen und Basteln garantiert auf einen grünen Zweig.

Zu diesem Buch hat Lars 'ne Menge Holz beigetragen. Von ihm stammen die liebevollen Illustrationen.

Den Wald vor lauter Bäumen nicht sehen? Von wegen! Als Fotografin hat Julia ein scharfes Auge und alles im Blick.

Weihnachtliche Cantuccini

ergibt etwa 50 Stück

100 g ganze, geschälte Mandeln
125 g zimmerwarme Butter
180 g Zucker
½ TL Zimt
3 Eier
100 g gemahlene Mandeln
350 g Dinkelvollkornmehl
½ Päckchen Backpulver
1 Prise Salz
100 g getrocknete Aprikosen

3 EL Milch
3 TL Zimtzucker

Die Mandeln in einer Pfanne goldbraun rösten, beiseitestellen und etwas abkühlen lassen. Den Backofen auf 175 °C vorheizen. Butter, Zucker und Zimt mit den Quirlen des Handrührgeräts schaumig schlagen. Eier trennen, die Eigelbe zu der Buttermasse geben und verrühren. Gemahlene Mandeln, Mehl, Backpulver und Salz mischen, ebenfalls zugeben und nochmals verrühren. Eiweiße steif schlagen und behutsam unter den Teig heben. Aprikosen in kleine Stücke schneiden und mit den ganzen Mandeln unterziehen.

Aus dem Teig drei Rollen formen, mit etwas Abstand auf ein mit Backpapier ausgelegtes Blech setzen. Mit Milch bepinseln und mit Zimtzucker bestreuen. Im Ofen 25–30 Minuten goldbraun backen, etwas abkühlen lassen. Anschließend in 2 cm dicke Scheiben schneiden.
Die Cantuccini waagerecht auf ein mit Backpapier ausgelegtes Blech legen und im Ofen bei 150 °C weitere 10–15 Minuten backen.

Tipp: Zimtzucker lässt sich ganz leicht selbst herstellen. Einfach 3 EL Zucker mit 1 TL Zimt verrühren.

Grümmel PLÄTZCHEN

ergibt etwa 50 Stück

250 g Mehl
1 TL Lebkuchengewürz
½ TL Zimt
100 g gemahlene Haselnüsse
100 g gehackte Mandeln
100 g Grümmelkandis

200 g zimmerwarme Butter,
100 g braunen Zucker
UND *1 Ei*
SCHAUMIG SCHLAGEN.

MEHL MIT LEBKUCHENGEWÜRZ, ZIMT, NÜSSEN, MANDELN UND GRÜMMELKANDIS MISCHEN. ALLES ZU EINEM TEIG VERKNETEN.

2

DEN TEIG ZU 2 ROLLEN FORMEN UND IN FOLIE WICKELN. DANN ECKIG DRÜCKEN.

ÜBER NACHT IN DEN **KÜHLSCHRANK** LEGEN.

200 °C 15 MIN

DIE ROLLEN IN ETWA 5 MM BREITE SCHEIBEN SCHNEIDEN UND AUF EIN MIT BACKPAPIER AUSGELEGTES BACKBLECH LEGEN.

BEI 200 °C ETWA 15 MINUTEN BACKEN. AUF KUCHENGITTERN AUSKÜHLEN LASSEN. *150 g* ZARTBITTERKUVERTÜRE GROB HACKEN, ÜBER DEM HEISSEN WASSERBAD SCHMELZEN. PLÄTZCHEN DIAGONAL IN DIE ZARTBITTERKUVERTÜRE TUNKEN.

Handpies mit Pflaumenfüllung

ergibt 6–7 Stück (ø 12 cm)

125 g kalte Butter, gewürfelt
50 g Zucker
1 TL Vanillezucker
1 Ei
1 Prise Salz
180 g Mehl plus etwas für die Arbeitsfläche

6–8 Pflaumen (frisch oder TK)
1 TL Zucker

1 Eigelb
1 EL Milch
6–7 Holzstäbchen

Butter, Zucker, Vanillezucker, Ei und Salz mit den Knethaken des Handrührgeräts vermengen. Das Mehl nach und nach zugeben, bis ein krümeliger Teig entsteht. Mit den Händen zu einer glatten Kugel formen. In Frischhaltefolie gewickelt für 30 Minuten in den Kühlschrank legen. Für die Füllung die Pflaumen entkernen und in kleine Stücke schneiden. Mit dem Zucker in einen Topf geben und auf niedriger Stufe kurz einköcheln lassen, bis ein Mus entsteht. Etwas abkühlen lassen.

Den Ofen auf 180 °C vorheizen. Den Teig portionsweise auf einer bemehlten Arbeitsfläche ausrollen, mit einem großen Ausstecher 12–14 Sterne ausstechen und auf ein mit Backpapier belegtes Blech legen.

Auf die Hälfte der Sterne jeweils einen Klecks Pflaumenmus geben. Eigelb und Milch miteinander verquirlen und die Ränder der Kekse damit bepinseln. Jeweils 1 Holzstäbchen dazwischen- und einen weiteren Stern darauflegen. Auf der Oberseite mittig einschneiden und mit der restlichen Milch-Eigelb-Mischung bepinseln. Für 10–12 Minuten backen. Vor dem Servieren abkühlen lassen.

Goldener HIRSCH

Wanddeko schnell gemacht: Mit glänzendem Klebeband oder mattgoldenem Masking Tape die Form eines Hirschkopfs an die Wand kleben. Am besten mit Bleistift vorzeichnen. Funktioniert natürlich auch mit anderen schönen Weihnachtsmotiven.

Glitzer GLÄSER

SO GEHT'S

Die obere Hälfte der Einmachgläser mit Masking Tape und Zeitungspapier abkleben, die untere Hälfte mit Flüssigkleber bestreichen, alternativ kann auch Sprühkleber verwendet werden. Goldglitzer darüberstreuen und trocknen lassen.

DAS BRAUCHST DU

*Einmachgläser
Masking Tape
altes Zeitungspapier
Flüssigkleber
alter Pinsel
Goldglitzer*

SO GEHT'S

Aus dem Stoff zwei Quadrate ausschneiden, die groß genug für das gewünschte Motiv sind. Nahtzugabe von etwa 3 cm an allen Seiten beachten. Vorlage von S. 103 kopieren und mit Transferfolie auf den Stoff übertragen. Mit weißer Stoffmalfarbe die Motive ausmalen und trocknen lassen. Alle Kanten etwa 1,5 cm nach innen umbügeln. Rechts auf rechts legen, mit Stecknadeln fixieren und drei von vier Seiten mit etwa 5 mm Abstand zur Kante zunähen. An der offenen Seite mit Dinkel füllen und ebenfalls zunähen. Zum Gebrauch 1–2 Minuten in der Mikrowelle erwärmen.

DAS BRAUCHST DU
Stoff
Stoffschere
Transferfolie
weiße Stoffmalfarbe
Stecknadeln
weißes Nähgarn
Dinkelkörner

Kopiervorlage Motive Seite 103

MANDEL-HÖRNCHEN

ergibt 12 Stück

250 g Marzipanrohmasse
250 g Puderzucker
2 Eiweiß
100 g Mehl
150 g Mandelblättchen
150 g Zartbitterkuvertüre

Marzipan, gesiebten Puderzucker und die Eiweiße verkneten. Wenn alles gut durchgemengt ist, Mehl zugeben und noch einmal verkneten. Den Teig etwa 1 Stunde abgedeckt ins Gefrierfach stellen. Mandelblättchen in einer Pfanne bei niedriger Hitze leicht rösten. Den Backofen auf 160 °C vorheizen.

Mithilfe eines Löffels etwa 12 gleich große Portionen abstechen und zu etwa 8 cm langen Rollen formen. Mit etwas Wasser leicht befeuchten, in den Mandelblättchen wälzen und zu Hörnchen geformt auf ein mit Backpapier ausgelegtes Backblech legen. Im vorgeheizten Backofen 20 Minuten backen. Auf Kuchengittern abkühlen lassen. Kuvertüre über einem Wasserbad schmelzen und die Enden der Hörnchen damit bestreichen.

Feine Haferflockenkekse

---
ergibt 25–30 Stück

---
165 g Haferflocken
185 g Muscovadozucker
2 TL Backpulver
2 EL Mehl
1 Ei
115 g zerlassene Butter

Den Backofen auf 175 °C vorheizen. Haferflocken mit dem Zucker, Backpulver und Mehl mischen. Das Ei mit der zerlassenen Butter verquirlen, zu den trockenen Zutaten geben und gut verrühren. Ein Blech mit Backpapier auslegen, mit einem Teelöffel kleine Kleckse mit ausreichend Abstand auf das Blech setzen. 8–10 Minuten backen, anschließend auf Kuchengittern auskühlen lassen.

Heiße Schokolade
mit Espresso, Zimt und Mandeln

ergibt 3 Tassen à 250 ml

750 ml Milch IN EINEM TOPF ERWÄRMEN.

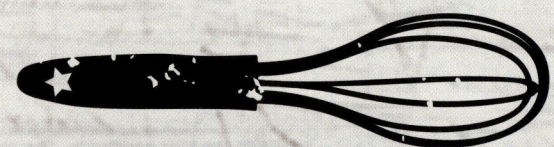

UNTER STÄNDIGEM RÜHREN **100 g Zartbitterschokolade** DARIN SCHMELZEN.

Anleitung DIY-Tassen Seite 36

2 Tässchen (à 40 ml) frisch gebrühten Espresso ZUGEBEN.

MIT ½ TL Zimt WÜRZEN UND MIT **ZUCKER** NACH BELIEBEN SÜSSEN.

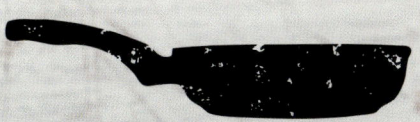

4 EL gehackte Mandeln BEI NIEDRIGER HITZE IN EINER KLEINEN PFANNE GOLDGELB RÖSTEN, BEISEITESTELLEN UND ETWAS ABKÜHLEN LASSEN.

100 ML SAHNE IN EINEM HOHEN, ENGEN GEFÄSS STEIF SCHLAGEN. DIE HEISSE SCHOKOLADE IN TASSEN FÜLLEN, SAHNE OBENAUF GEBEN UND MIT DEN MANDELN BESTREUEN.

Schälchen

SO GEHT'S

Modelliermasse mit einem Nudelholz auf glattem Untergrund ausrollen. Mit einem Messer runde Formen ausschneiden, die Ränder nach oben biegen und trocknen lassen. Anschließend mit goldener Acrylfarbe anmalen.

DAS BRAUCHST DU

Modelliermasse
Nudelholz
scharfes Messer
goldene Acrylfarbe

DAS BRAUCHST DU

Nussknacker
Modelliermasse
Sprühlack

SO GEHT'S

Einfarbig lackiert erstrahlen alte Nussknacker in neuem und modernem Glanz. Einfach die Deko-Haare und den Bart entfernen und mit Modelliermasse neu gestalten. Trocknen lassen, ankleben und alles mit Sprühlack in gewünschter Farbe lackieren.

Nuss KNACKER

Weihnachtspost

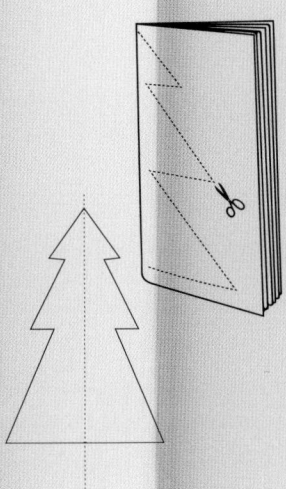

SO GEHT'S

1-3 4-6 Papierbögen (ca. 12 x 12 cm) in der Mitte falten. An der Faltkante den halben Umriss anzeichnen und ausschneiden. Aufklappen, mittig auf eine Karte legen und mit der Nähmaschine aufnähen, an der oberen Kante beginnen. Die einzelnen Lagen etwas auffächern. Bei Karte Nr. 1 haben wir mit nur einer Lage, aber dickerem Papier gearbeitet. Das Nähgarn in einer Kontrastfarbe zum Papier wählen.

4 Aus Glitzerpapier/-karton Kreise ausschneiden oder mit einer Motivstanze ausstanzen. Auf einer Karte wie eine Girlande anordnen, leicht ankleben und aufnähen. Mit einem schwarzen Fineliner Weihnachtswünsche dazuschreiben.

5 Den Tannenzapfen aus den Kopiervorlagen mit Kohlepapier auf eine Karte übertragen, anschließend mit schwarzer Acrylfarbe nachmalen.

6 Mit Tafelfarbe eine Karte anmalen, dabei einen etwa 5 mm breiten Rand aussparen. Trocknen lassen. Dann mit Tafelkreide ein weihnachtliches Motiv aufzeichnen.

Wer es sich nicht zutraut, frei zu zeichnen, kopiert sich das Reh aus der Vorlage (s. Seite 108). Einfach auf die Karte legen, mit einem Bleistift und starkem Druck die Form des Rehs nachzeichnen, sodass der Umriss auf dem schwarzen Grund zu erkennen ist. Dann nur noch mit Kreide nachzeichnen. Alternativ funktioniert auch Kohlepapier.

7 Stempel lassen sich hervorragend zum Gestalten von Karten verwenden! Wie ihr Stempel selbst herstellt, erklären wir euch auf Seite 72.

Kopiervorlagen Seite 36

Marzipan Waffeln

ergibt 9 Stück

100 g kalte Marzipanrohmasse
150 g zimmerwarme Butter
plus etwas für das Waffeleisen
50 g Zucker
1 Prise Salz
3 Eier
275 g Mehl
1 TL Backpulver
250 ml Milch

Marzipan klein schneiden. Butter, Zucker und Salz mit den Quirlen des Handrührgeräts schaumig schlagen. Eier zufügen und verrühren. Mehl und Backpulver mischen und abwechselnd mit der Milch unter den Teig mengen.

Waffeleisen vorheizen, mit etwas Butter bepinseln und nacheinander 9 Waffeln backen. Die fertigen Waffeln gegebenenfalls im auf 50 °C vorgeheizten Ofen warm halten.

PISTAZIEN-KEKSE
mit weißer Schokolade

---
ergibt etwa 20 Stück

---

125 g weiße Schokolade
25 g Pistazienkerne
115 g Butter
100 g Zucker
1 Prise Salz
1 Ei
2 EL Rum
200 g Mehl

Den Backofen auf 175 °C vorheizen. Die weiße Schokolade und die Pistazienkerne getrennt voneinander hacken. Butter, Zucker und Salz mit den Quirlen des Handrührgeräts schaumig schlagen. Das Ei und den Rum zugeben und verrühren. Das Mehl nach und nach unterrühren. Anschließend die Schokolade und die Pistazien unter den Teig ziehen. Walnussgroße Kugeln formen und mit 4–5 cm Abstand auf ein mit Backpapier ausgelegtes Blech setzen. Im Backofen 10–12 Minuten backen.

Schokoküchlein mit Honig und Anis

ergibt 6–8 kleine Küchlein

100 g Zartbitterschokolade
125 g zimmerwarme Butter
125 g flüssiger Honig
50 g Zucker
1 Prise Salz
3 Eier
2 TL Rum
175 g Mehl
1 EL Backpulver
4 EL Kakaopulver
1 EL Zimt
½ TL gemahlener Anis

Pflanzenöl für die Förmchen

125 g Zartbitterschokolade
1 EL Butter
2 EL Sahne

Backofen auf 175 °C vorheizen. Die Schokolade in einem kleinen Topf im Wasserbad schmelzen. Butter mit Honig, Zucker und Salz mit den Quirlen des Handrührgeräts schaumig schlagen. Eier, Rum und geschmolzene Schokolade zufügen und verrühren. In einer weiteren Schüssel Mehl, Backpulver, Kakaopulver, Zimt und Anis mischen. Nach und nach zu den anderen Zutaten geben und dabei gut verrühren, bis ein glatter Teig entsteht.

Kleine Silikonformen mit Pflanzenöl auspinseln und diese zu drei Vierteln mit Teig füllen. Im Ofen 25–30 Minuten backen. Die Küchlein abkühlen lassen, dann aus der Form nehmen.

Für die Glasur die Schokolade und Butter über dem Wasserbad schmelzen, Sahne zugießen und kräftig verrühren, bis die Masse glänzt. Auf den Küchlein verteilen.

Weihnachtstarte
mit Gewürzen

ergibt 1 Tarte (Ø 22 cm)

250 g Mehl
50 g Zucker
3 TL Vanillezucker
1 Prise Salz
125 g kalte Butter
plus etwas für die Form
1 kleines Ei
Hülsenfrüchte zum Blindbacken
(z. B. Kichererbsen oder Bohnen)

75 ml Sahne
1 Messerspitze Zimt
10 Kardamom-Kapseln
2 Sternanise
10 Nelken
180 g Zartbitterschokolade
3 Eier
2 EL Zucker
1 Prise Salz
Puderzucker zum Bestäuben

Den Backofen auf 175 °C vorheizen. Mehl, Zucker, Vanillezucker und Salz mischen. Die Butter würfeln und mit dem Ei zufügen. Mit den Fingerspitzen zu einem Mürbeteig verarbeiten. Eine Backform buttern, den Teig hineindrücken und mit einer Gabel mehrfach einstechen. Backpapier auf den Teig legen und mit getrockneten Hülsenfrüchten auffüllen. Im Ofen 10–12 Minuten blindbacken.

Sahne mit den Gewürzen in einen Topf geben. Bei kleiner Hitze erwärmen, nicht kochen lassen, und die Gewürze etwa 10 Minuten ziehen lassen. Gewürze abseihen und Schokolade in der Sahne schmelzen. Eier, Zucker und Salz zugeben und gut verrühren. Den Mürbeteigboden aus dem Ofen nehmen, Hülsenfrüchte entfernen und die Schokoladenmasse einfüllen. Im Ofen weitere 10–12 Minuten fertig backen. Abkühlen lassen und mit Puderzucker bestäuben.

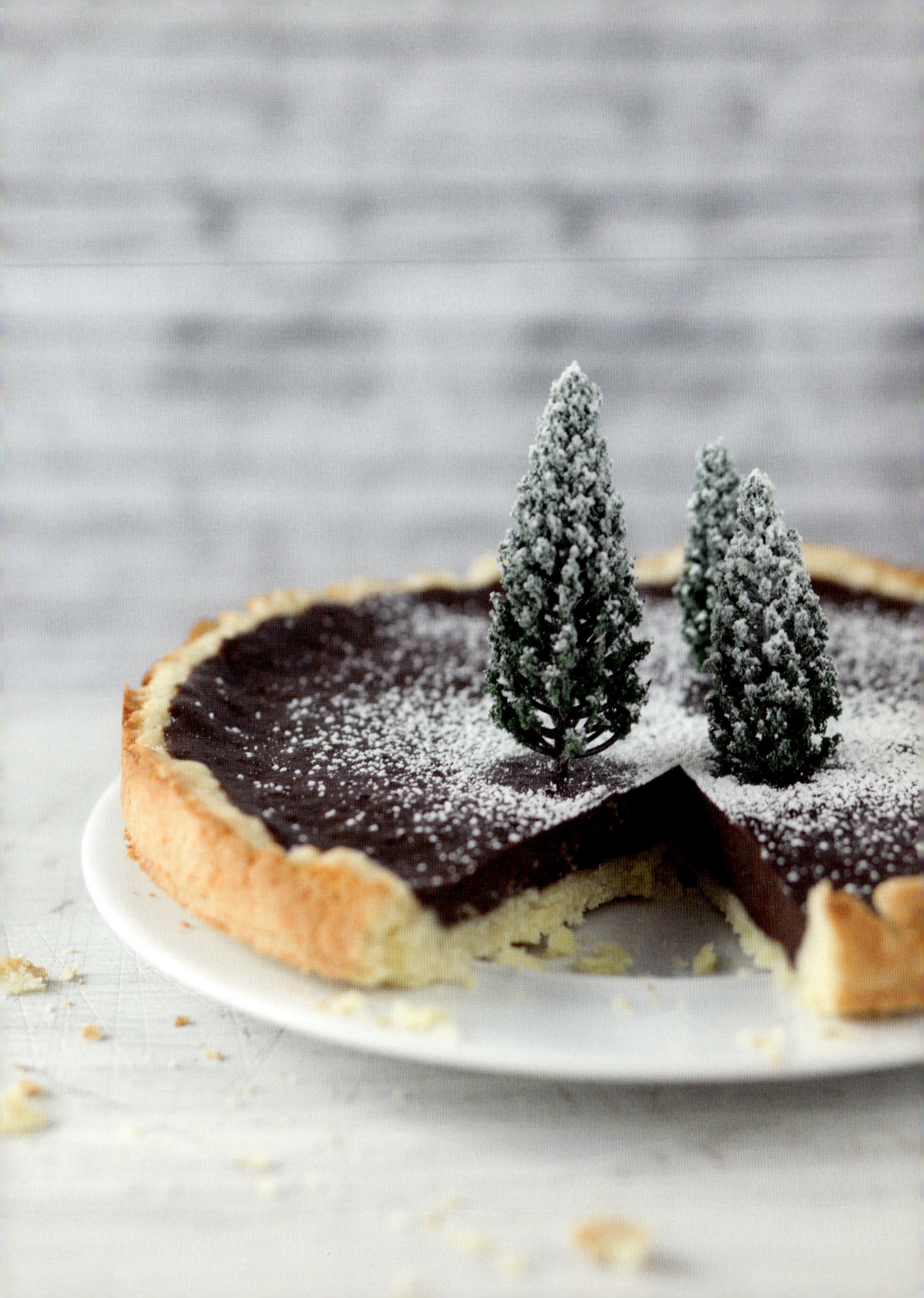

Goldiges PORZELLAN

DAS BRAUCHST DU

Dekorfolie
Bleistift
Schere
Schale oder tiefer Teller
weiches Tuch
Porzellan
(Teller, Tassen, Vasen …)

SO GEHT'S

Motiv auf die Rückseite der Dekorfolie zeichnen, ausschneiden und in eine Schale mit Wasser legen. Sobald sich die Folie vom Trägermaterial löst, diese an die gewünschte Stelle auf dem Porzellan legen, überflüssiges Wasser mit einem weichen Tuch abtupfen.
24 Stunden lufttrocknen lassen, dann im Backofen nach Packungsanweisung der Dekorfolie erhitzen.

Zeichenvorlagen
Seite 103

37

Zement Gebirge

DAS BRAUCHST DU

Papier (mind. 100 g/qm)
Tesafilm oder Masking Tape
hohes, schmales Glas
Blitzzement
Mörtelschale
Holzstab zum Verrühren
altes Messer
weiße Acrylfarbe
Pinsel
evtl. Farbrolle

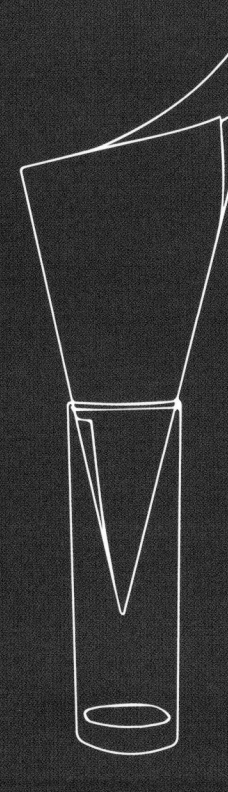

SO GEHT'S

Aus Papier eine Tüte rollen, die Kante mit Tesafilm verschließen. Die Spitze mit Tesafilm oder Masking Tape verstärken und die Tüte in ein hohes, schmales Glas stellen.

Für einen etwa 15 cm hohen Schneeberg 500 g Blitzzement in der Mörtelschale mit ca. 170 ml Wasser gut verrühren und zügig in die Papiertüte gießen. Darauf achten, dass die Spitze in die Mitte des Glases weist, damit der Berg nicht schief wird.

Nach etwa 10 Minuten kann der Berg aus dem Glas genommen und das Papier vom Zement gelöst werden. Mit einem alten Messer oder Ähnlichem den Boden gleichmäßig flach schaben.

Wenn der Zement vollständig durchgetrocknet ist, mit Masking Tape eine Schneespitze in gewünschter Form abkleben und mit weißer Acrylfarbe anmalen. Rollt man nach dem Auftragen der Farbe noch einmal mit einer Farbrolle darüber, verschwinden auch die letzten Pinselspuren.

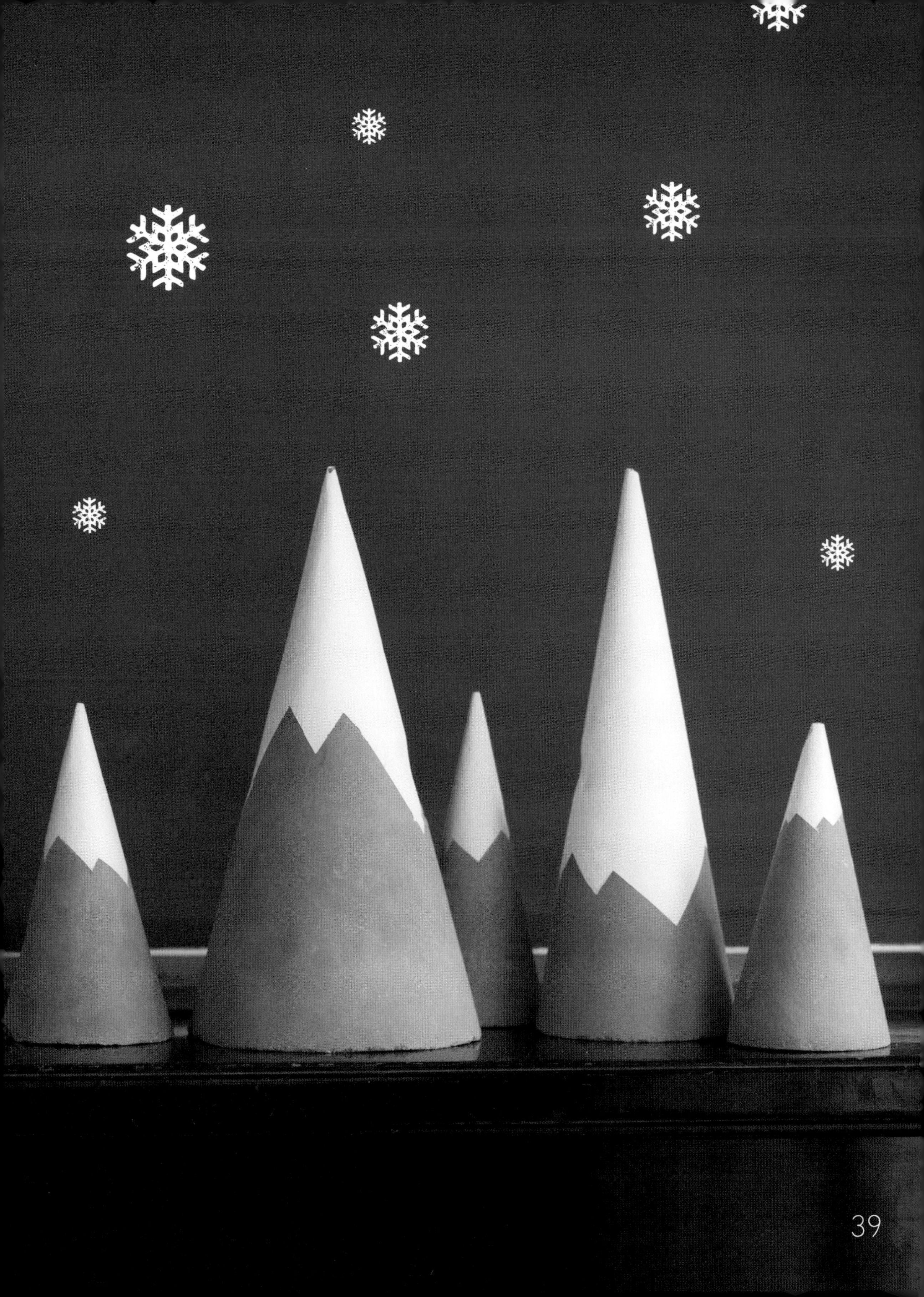

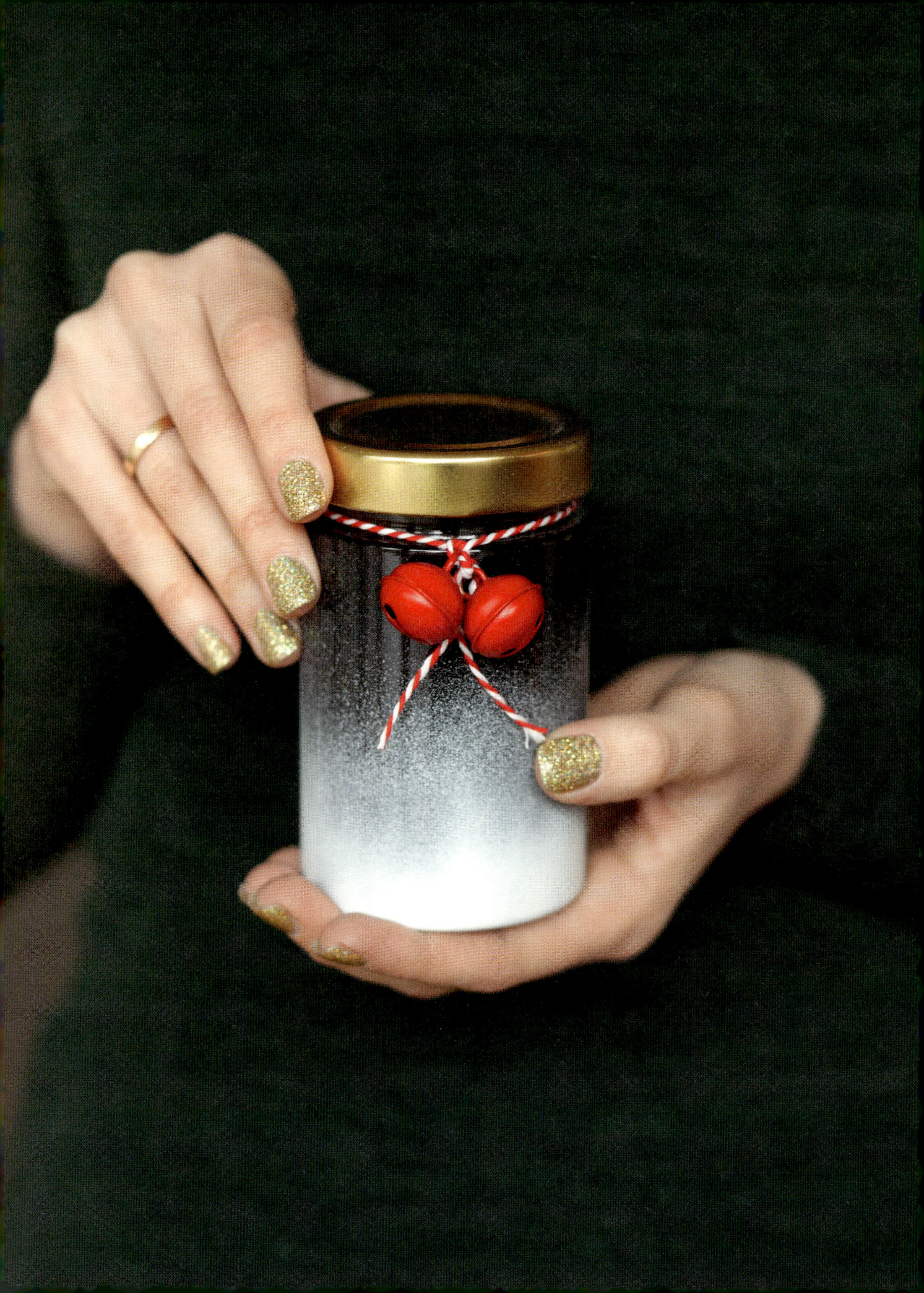

GLÜHWEIN GELEE

ergibt 4 Gläser (à 250 ml)

Abrieb von 1 Bio-Orange
500 ml Rotwein
10 Gewürznelken
5 Sternanise
4 Zimtstangen
500 ml roter Traubensaft
300 g Gelierzucker

Orangenabrieb, Rotwein und Gewürze aufkochen und anschließend 2 Stunden ziehen lassen.

4 Schraubgläser à 250 ml sterilisieren. Nelken, Sternanise und Zimtstangen aus dem Rotwein entfernen. Traubensaft und Zucker zum Wein gießen und erneut zum Kochen bringen, anschließend 3 Minuten sieden lassen.

Schaum von der Oberfläche abschöpfen und das Gelee in die Gläser füllen. Sofort verschließen, für 10 Minuten auf den Kopf stellen und abkühlen lassen.

Vanille-Mandel Tartelettes

ergibt 4 Tartelettes (à ø 12 cm)

200 g Mehl
50 g Zucker
1 Prise Salz
125 g kalte Butter, gewürfelt
Hülsenfrüchte zum Blindbacken
(z. B. Bohnen oder Kichererbsen)

2 Eier
2 Eigelb
75 g Zucker
100 ml Sahne
1 EL Mehl
Mark von ½ Vanilleschote

50 g gehobelte Mandeln
etwas Puderzucker zum Bestäuben

Den Backofen auf 175 °C vorheizen. Mehl, Zucker und Salz mischen. Die Butter mit den Fingerspitzen in den Teig reiben. In die Mitte eine Mulde drücken, 1 Esslöffel kaltes Wasser zugeben und mit den Händen rasch zu einem glatten Teig zusammenfügen. Den Teig vierteln und mit den Fingerspitzen in 4 Tarteförmchen drücken, mit einer Gabel mehrmals einstechen. Den Teig mit Backpapier belegen und mit getrockneten Hülsenfrüchten beschweren. Für 10 Minuten blindbacken. Herausnehmen und das Backpapier mit den Hülsenfrüchten entfernen.

Für die Füllung Eier, Eigelbe, Zucker, Sahne, Mehl und Vanillemark mit dem Schneebesen kräftig schlagen. Die Masse auf den Mürbeteigböden verteilen und in den vorgeheizten Ofen schieben. Nach 10 Minuten die gehobelten Mandeln auf den Tartelettes verteilen und für weitere 10 Minuten backen, bis sie goldgelb sind. Zum Servieren mit Puderzucker bestäuben.

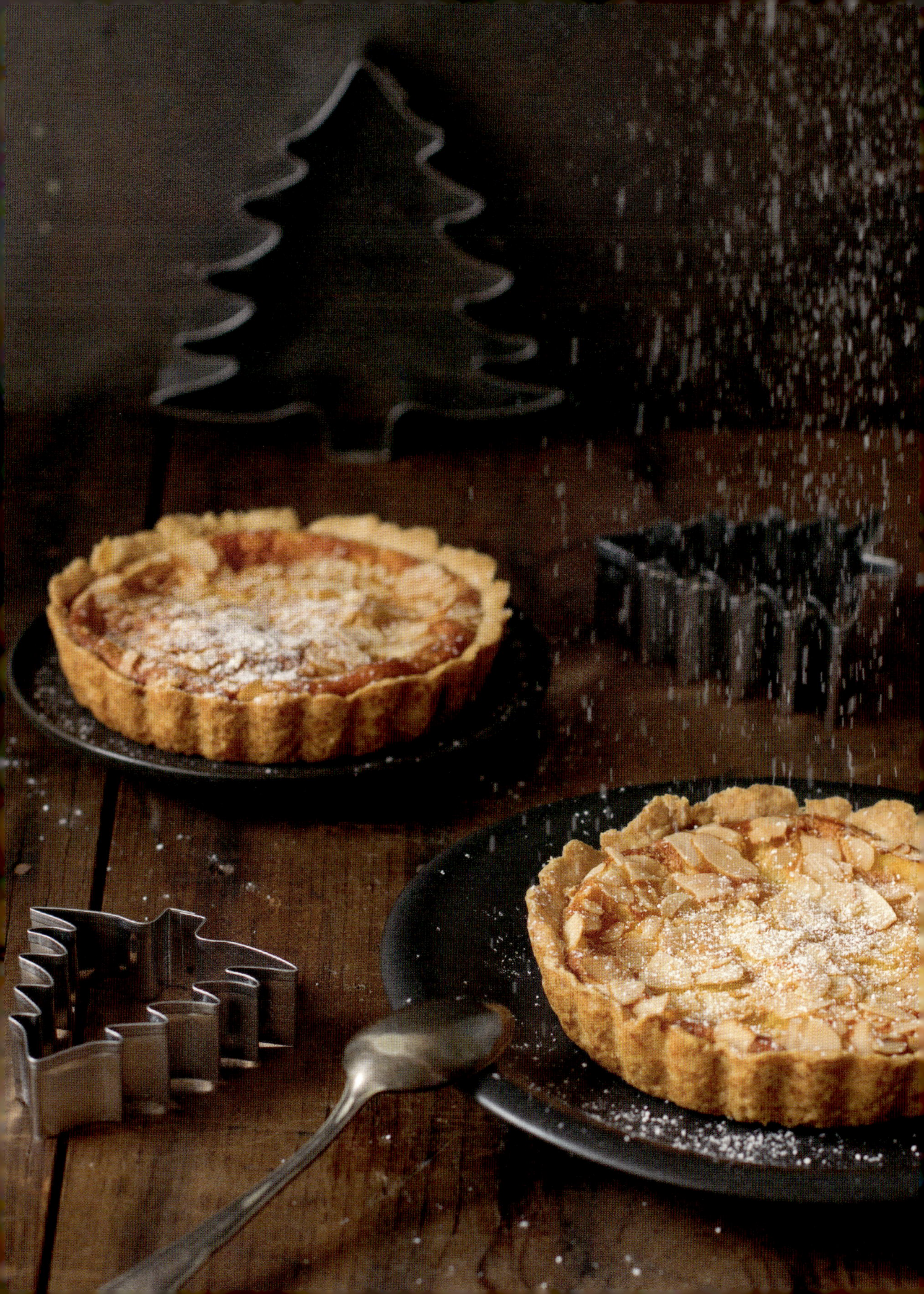

FROHE
WEIHNACHTEN

Jutepost

DAS BRAUCHST DU

Jutetasche/-sack
Stoffschere
Nähnadel
Stickgarn
Acrylfarbe

Aus einem alten Jutesack einen etwa 28 cm langen und 10 cm breiten Streifen schneiden. Diesen so falten, dass die untere Tasche 10 cm × 10 cm misst und die Klappe etwas kürzer bleibt. Die Klappe zu einem Dreieck schneiden (siehe Bild).

Die Seiten nun grob mit dickem Garn zusammennähen und anschließend farbige Akzente setzen.

VANILLE *Kipferl*

SO GEHT'S

Driving home for Christmas

Diese Weihnachtsdeko lässt auch Männerherzen höherschlagen! Spielzeugautos findet man in jeder alten Spielzeugkiste. Rauskramen, Fenster und Räder mit Klebeband abkleben, mit Sprühfarbe lackieren und weihnachtlich dekorieren.

ergibt etwa 40 Stück

200 g Mehl
75 g Puderzucker
175 g Butter
100 g gemahlene Mandeln
2 Eigelb
Mark von 1 Vanilleschote
1 Prise Salz

Puderzucker zum Bestreuen

Alle Zutaten in eine Rührschüssel geben . Zuerst mit den Knethaken des Handrührgeräts und anschließend mit kühlen Händen zu einem glatten Teig verkneten.

Zu einer Rolle formen (etwa 5 cm Durchmesser), in Klarsichtfolie einschlagen und für mindestens 2 Stunden (oder über Nacht) in den Kühlschrank geben.

Den Backofen auf 180 °C vorheizen, Bleche mit Backpapier auslegen und von der Teigrolle Scheiben schneiden (etwa 0,5 cm dick). Mit kühlen Händen zu Kipferln formen und auf die Bleche legen. Im Ofen 10–12 Minuten backen und die ausgekühlten Vanillekipferl mit Puderzucker bestreuen.

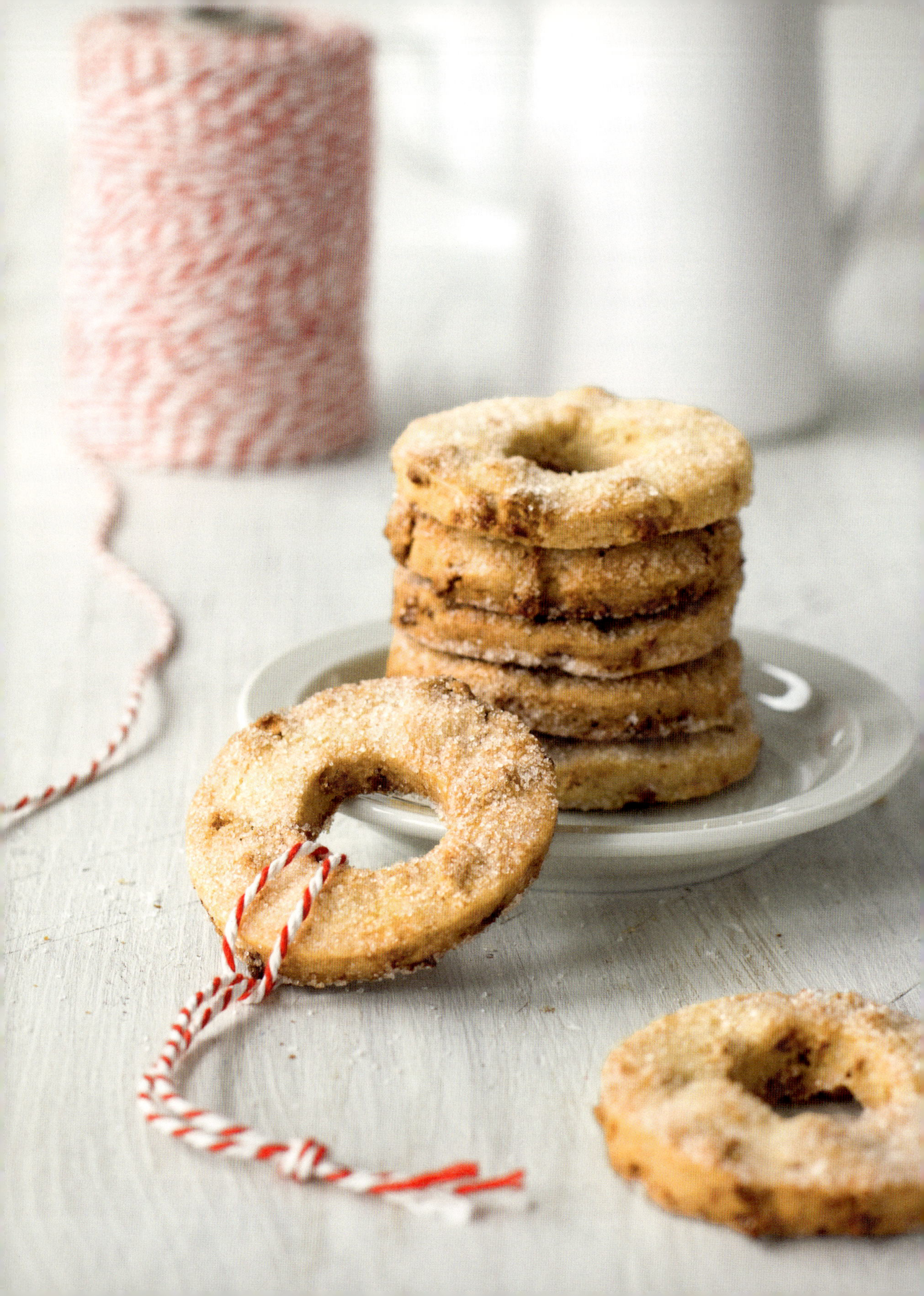

Winterapfel Plätzchen

ergibt 40 Stück

50 g getrocknete, weiche Apfelringe
125 g zimmerwarme Butter
100 g Zucker
1 Prise Salz
½ TL Zimt
1 Ei
285 g Mehl plus etwas für die Arbeitsfläche

1 Ei
100 g Zucker
½ TL Zimt

Apfelringe in sehr kleine Stücke schneiden. Butter, Zucker, Salz und Zimt mit den Quirlen des Handrührgeräts schaumig schlagen. Das Ei zufügen und verrühren. Mehl und Apfelstücke nach und nach zugeben, mit den Händen zu einem glatten Teig zusammenfügen und etwa 1 Stunde im Kühlschrank kalt stellen.

Den Backofen auf 180 °C vorheizen. Den Teig auf einer leicht bemehlten Arbeitsfläche 5 mm dick ausrollen, mit einem Ausstechförmchen Kreise ausstechen (Ø 6 cm). Aus den Kreisen mit einem kleineren Ausstecher nochmals Kreise ausstechen, sodass sich Ringe ergeben. Die Ringe auf ein mit Backpapier ausgelegtes Blech legen. Ei trennen, das Eigelb mit 1 Esslöffel Wasser verquirlen und die Kekse damit bestreichen. Zucker und Zimt mischen und die Kekse damit bestreuen. Im Backofen 10–15 Minuten goldbraun backen. Vollständig auskühlen lassen, bevor sie dekorativ aufgehängt werden.

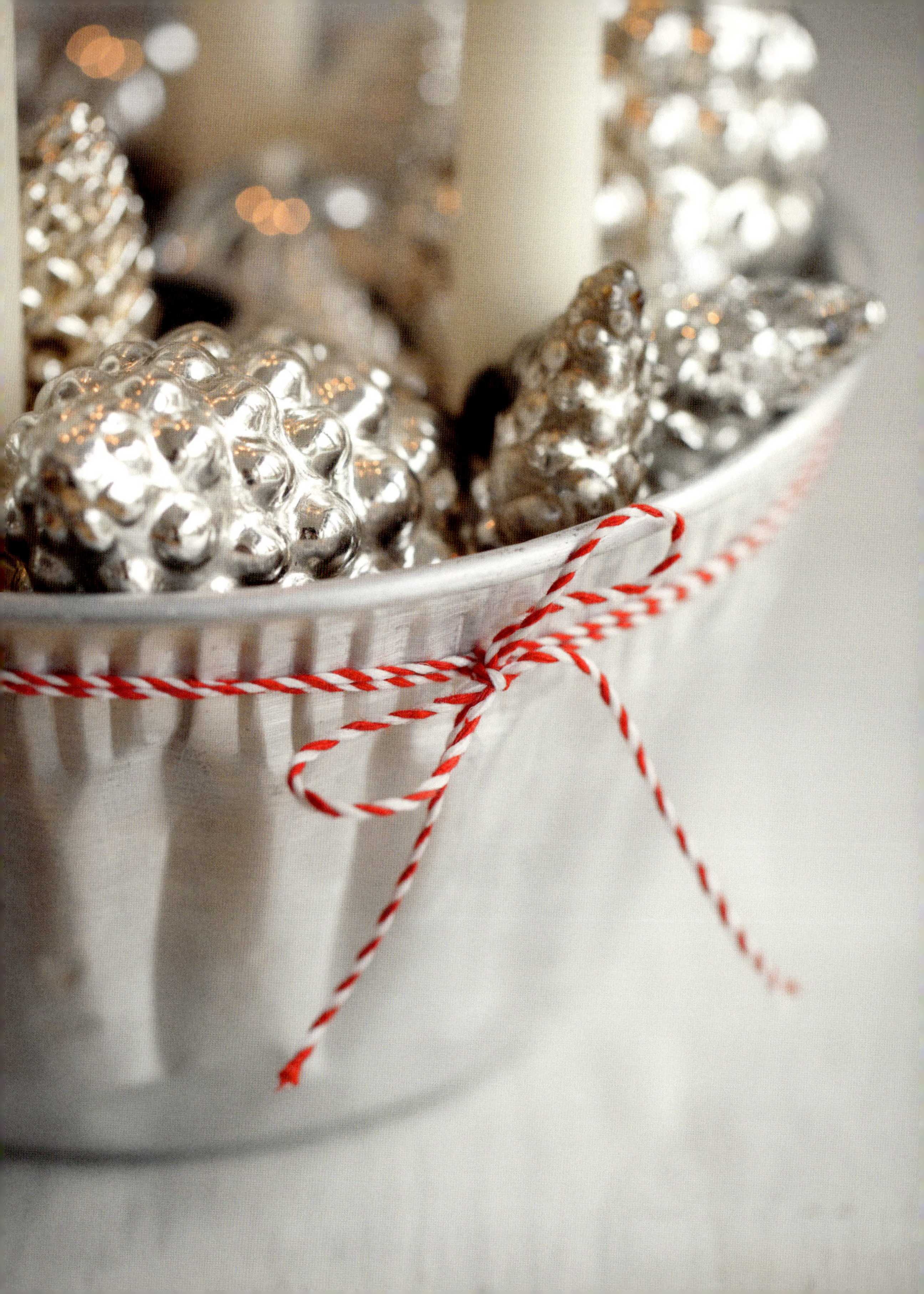

Gebäck am Zweig

Einige Plätzchen lassen sich wunderbar anstelle von Weihnachtskugeln aufhängen und verschönern die Wohnung. Dafür im Wald gesammelte Zweige weiß ansprühen und trocknen lassen. Hübsches Garn durch das Gebäck fädeln, aufhängen, fertig!

Zimtschnecken Kekse

ergibt 30 Stück

75 g zimmerwarme Butter
50 g Frischkäse
80 g brauner Zucker
1 Päckchen Vanillezucker
1 Eigelb
200 g Mehl plus etwas für die Arbeitsfläche
¼ TL Backpulver

80 g Zucker
2 gehäufte TL Zimt
30 g zerlassene Butter

Den Backofen auf 185 °C vorheizen. Butter, Frischkäse, Zucker und Vanillezucker schaumig schlagen. Eigelb zugeben und vermengen. Mehl und Backpulver mischen, nach und nach zugeben und alles verrühren. Den Teig mit den Händen zu einer Kugel formen und auf einer bemehlten Arbeitsfläche dünn zu einem Rechteck ausrollen.

Zucker und Zimt mischen, mit zerlassener Butter mischen und auf dem Teig verstreichen. Den Teig aufrollen und in etwa 1,5 cm breite Scheiben schneiden. Auf ein mit Backpapier ausgelegtes Blech legen und 10–12 Minuten backen.

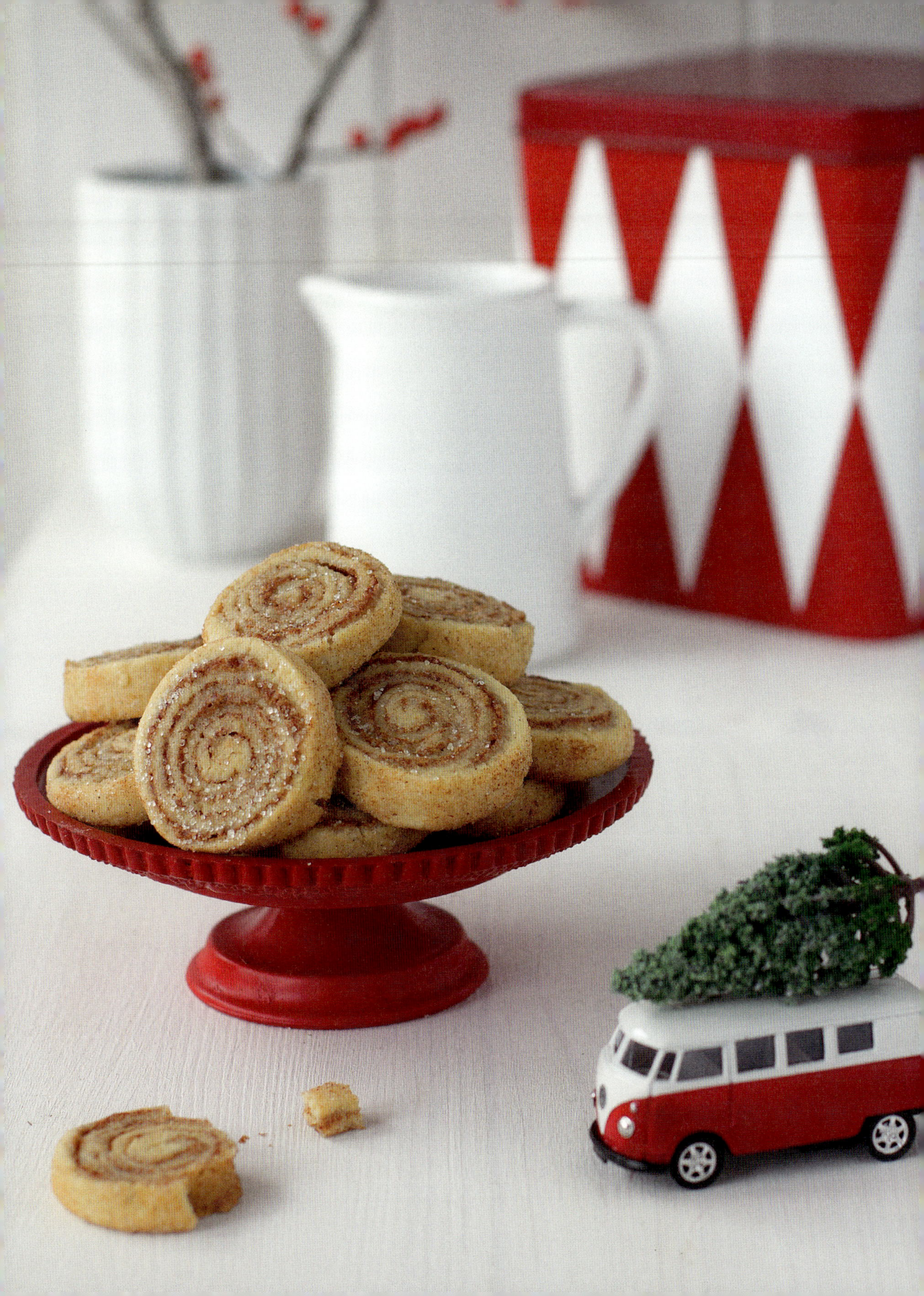

Winterland

HOLZSCHEIBE

TANNENBÄUME
(MODELLBAHNZUBEHÖR)

EISBÄR-SPIELFIGUR

1. WEISSE MODEL-
LIERMASSE FLACH
AUSROLLEN UND MIT
EINEM ALTEN MESSER
EINE EISSCHOLLE
AUSSCHNEIDEN.

2. MINI-TANNENBAUM
IN DIE NOCH FEUCHTE
MASSE STECKEN UND
TROCKNEN LASSEN.

3. DEN BAUM MIT WEISSEM
SPRÜHLACK LEICHT ANSPRÜHEN,
UM SCHNEE ZU IMITIEREN.

KÄSE-GLOCKE

WEISSE MODELLIERMASSE

Aus Karton einen 8 cm breiten und 31,5 cm langen Streifen schneiden. In folgenden Abschnitten die Pappe leicht längs einschneiden: 7,5 cm – 7 cm – 5 cm – 5 cm – 7 cm. An den Einschnitten die Pappe zu einem Haus knicken und an der offenen Kante mit Masking Tape verschließen.

Natürlich kann das Haus auch jede andere Größe bekommen, dazu einfach das Modell anpassen.

Damit das Papphaus stabil und vor allem gerade bleibt, die Kanten mit Tape verstärken. Anschließend die Gussform mit Sekundenkleber auf eine Trägerpappe kleben.

600 g Zement mit 200 ml Wasser gut, aber zügig verrühren, bis alle Klümpchen verschwunden sind.

DAS BRAUCHST DU
Hausgemacht

Karton
Schere
Masking Tape oder Klebeband
Sekundenkleber
Blitzzement
Mörtelschale
Acrylfarbe nach Belieben

Höhe des Hauses:
etwa 10 cm

Die Masse in die Form gießen. Das Modell leicht rütteln, damit sich der Zement gleichmäßig verteilt und sich die Oberfläche glättet. Nach etwa 10 Minuten kann der Karton von dem noch warmen Zement abgelöst werden.

Wenn das Material vollständig durchgetrocknet ist, können die Häuschen angemalt werden. Mithilfe von Tape können die Formen von Türen und Fenstern umklebt werden, sodass saubere Ränder entstehen. Die Dächer in derselben Farbe anmalen.

Zement Häuser

Schoko-Kokos Makronen

ergibt 16 Stück

100 g Zartbitterschokolade
85 g Kokosflocken
50 g gemahlene Mandeln
50 g Zucker
3 Eiweiß

Backofen auf 150 °C vorheizen. Die Schokolade in kleine Stücke hacken und zusammen mit den Kokosflocken, Mandeln und dem Zucker in eine Schüssel geben. Die Eiweiße steif schlagen und behutsam mit den trockenen Zutaten vermengen. Mit den Händen oder zwei Teelöffeln 16 Makronen formen, fest zusammendrücken und auf ein mit Backpapier belegtes Blech setzen. Im Ofen 15–20 Minuten goldbraun backen.

Liebes Christkind,

zu Weihnachten wünsch ich mir jede Menge Schnee, einen Schlitten (schnell sollte er sein) und Schlittschuhe. Und wenn Du eh schon bei uns vorbeischneist, wäre eine Dose voll mit Gretis Weihnachtskeksen eine feine Sache!

Alles Liebe,
Deine Elsa.

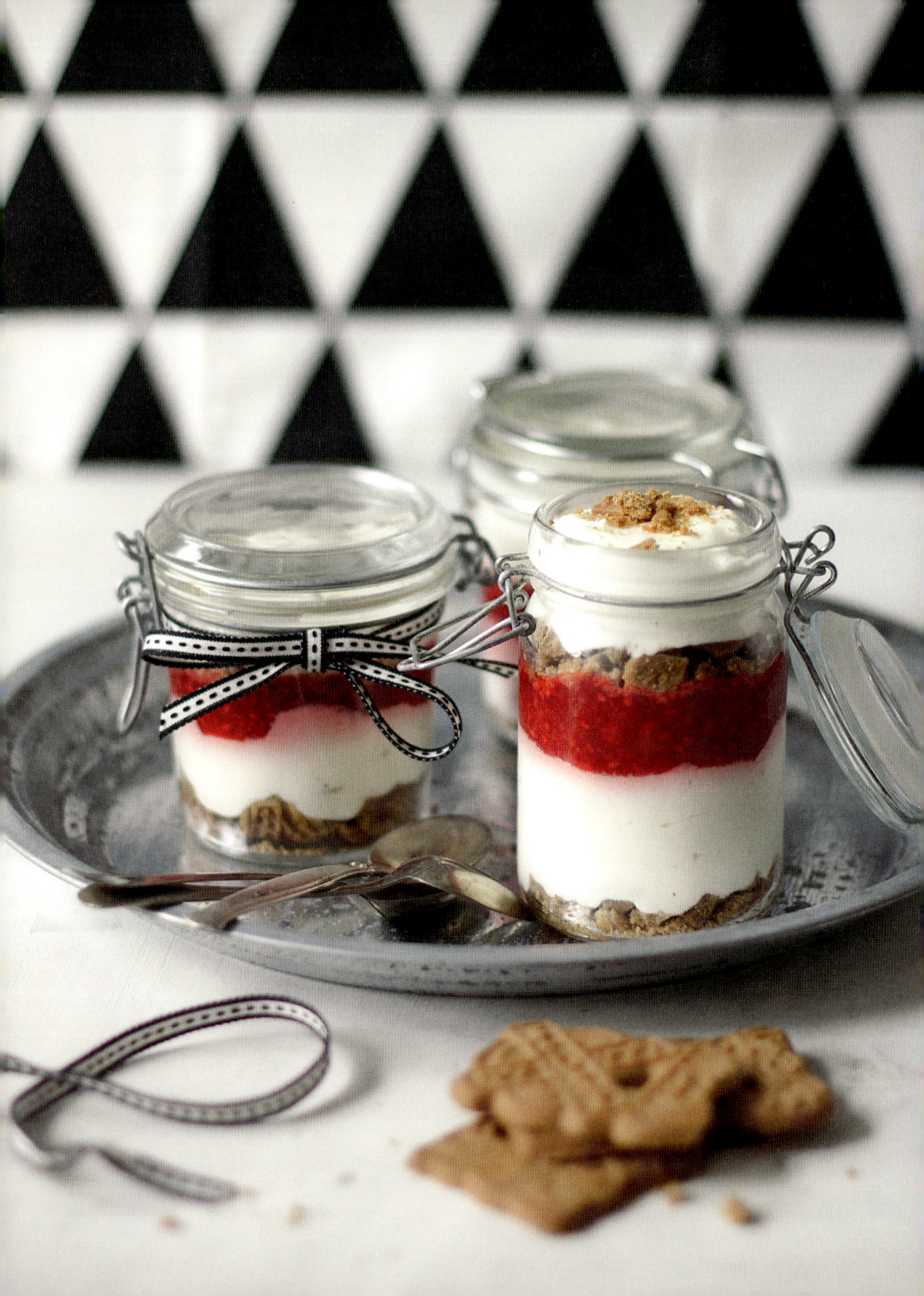

Spekulatius Himbeerzauber

ergibt 4 Gläser à 250 ml

300 g Himbeeren (frisch oder TK)
3 EL Zucker
1 EL Stärke
250 ml Sahne
250 ml Vanillejoghurt
etwa 115 g Gewürzspekulatius

Himbeeren und Zucker in einen Topf geben und aufkochen lassen. Die Stärke mit 1 Esslöffel Wasser verschlagen und unter Rühren zu den Himbeeren geben. Nochmals kurz aufkochen. Vom Herd nehmen und komplett abkühlen lassen.

Sahne steif schlagen und den Joghurt behutsam unterheben. Spekulatius zerbröseln und als unterste Schicht in die Gläser füllen. Mit der Joghurt-Sahne, den Himbeeren und dem Spekulatius abwechselnd auffüllen. Kalt servieren.

Adventskalender IM GLAS

DAS BRAUCHST DU

24 Schraubgläser mit Deckel
Sprühlack
Zahlen (s. Seite 106)
24 kleine Geschenke

SO GEHT'S

Gläser und Deckel reinigen und abtrocknen. Mit roter Sprühfarbe lackieren und trocknen lassen. Die Zahlen aus den Vorlagen kopieren, ausschneiden und auf die Deckel kleben. Die Gläser mit Kleinigkeiten befüllen, z. B. mit Tee, Weihnachtsschmuck, Schokolade, Pralinen, Gutscheinen ... und verschenken!

Kopiervorlagen
Seite 106

64

Advents-KALENDER

DAS BRAUCHST DU

24 Papierbeutel
schwarze Tafelfarbe
Kreide
24 kleine Geschenke
6 Stöcke
Masking Tape
Schnur
2 Christbaumkugeln
Tannengrün

SO GEHT'S
Let it hang!

Auf die Papierbeutel jeweils
mit schwarzer Tafelfarbe ein
Rechteck malen und trocknen lassen. Mit Kreide die Zahlen
1 bis 24 aufzeichnen und die Tütchen mit kleinen Geschenken
befüllen. Jeweils mit der Öffnung nach hinten um die Stöcke
legen und mit Masking Tape verschließen.
Die Stöcke mithilfe der Schnur verbinden, oben beginnen.
An die unteren Schnurenden jeweils eine Christbaumkugel
knoten, den oberen Stock mit Tannengrün dekorieren.

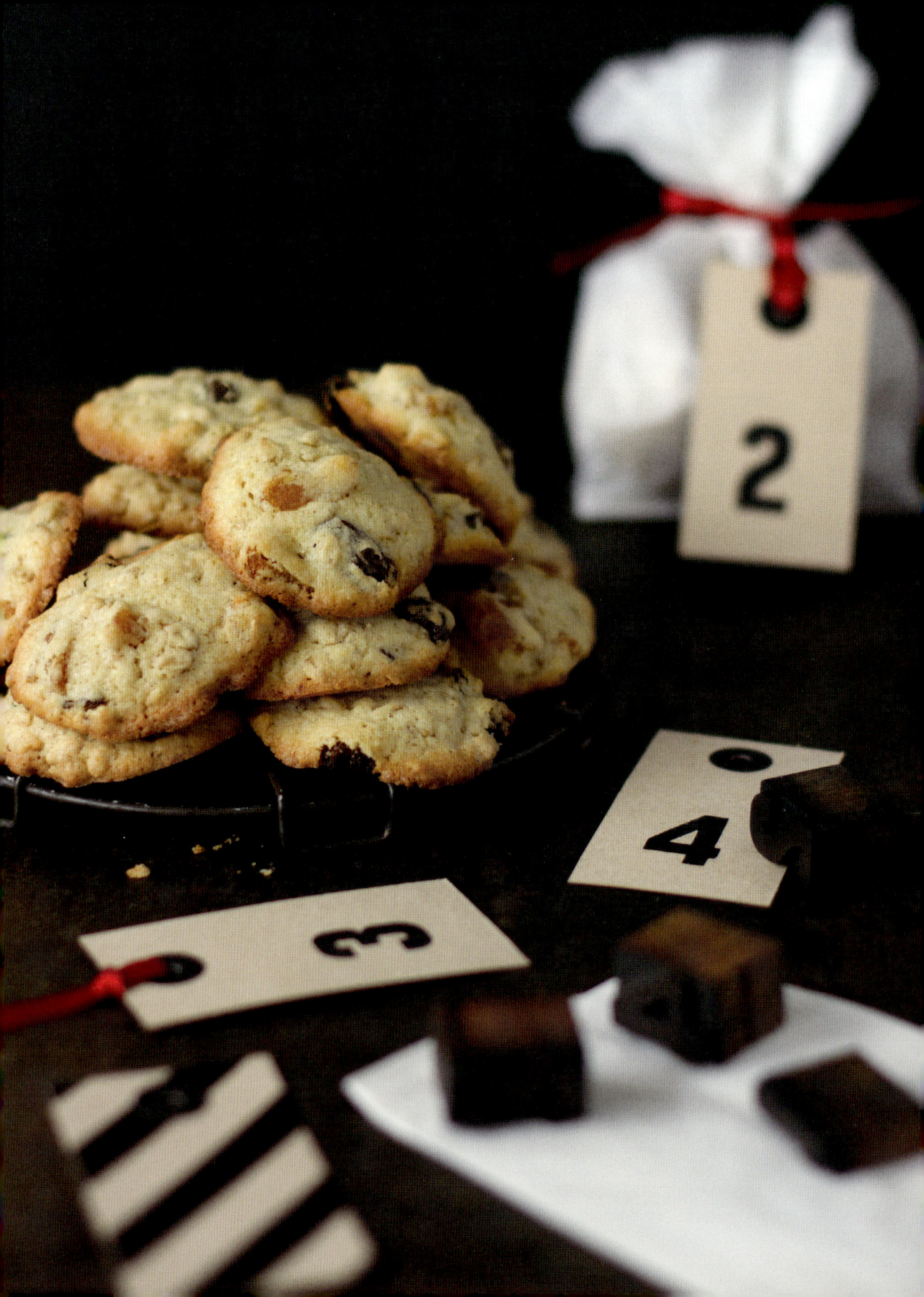
2
4
3

Rosinen-Aprikosen Kekse

ergibt 24 Stück

150 g zimmerwarme Butter
165 g Zucker
1 EL Vanillezucker
2 Eier
200 g Mehl
1 TL Backpulver
1 TL Zimt
¼ TL Salz
100 g Haferflocken
75 g getrocknete Aprikosen
75 g Rosinen

Den Backofen auf 175 °C vorheizen. Butter, Zucker und Vanillezucker mit den Knethaken des Handrührgeräts verrühren. Eier zugeben und vermengen. In einer anderen Schüssel das Mehl mit Backpulver, Zimt, Salz und den Haferflocken mischen. Die Aprikosen in kleine Stücke schneiden und mit den Rosinen zugeben. Alle Zutaten zu einem glatten Teig verkneten.

Ein Blech mit Backpapier auslegen und mithilfe von zwei Teelöffeln Teig abstechen. Je 12 Teigklekse auf ein Blech geben und im Ofen etwa 15 Minuten backen. Mit dem Rest des Teiges genauso verfahren.

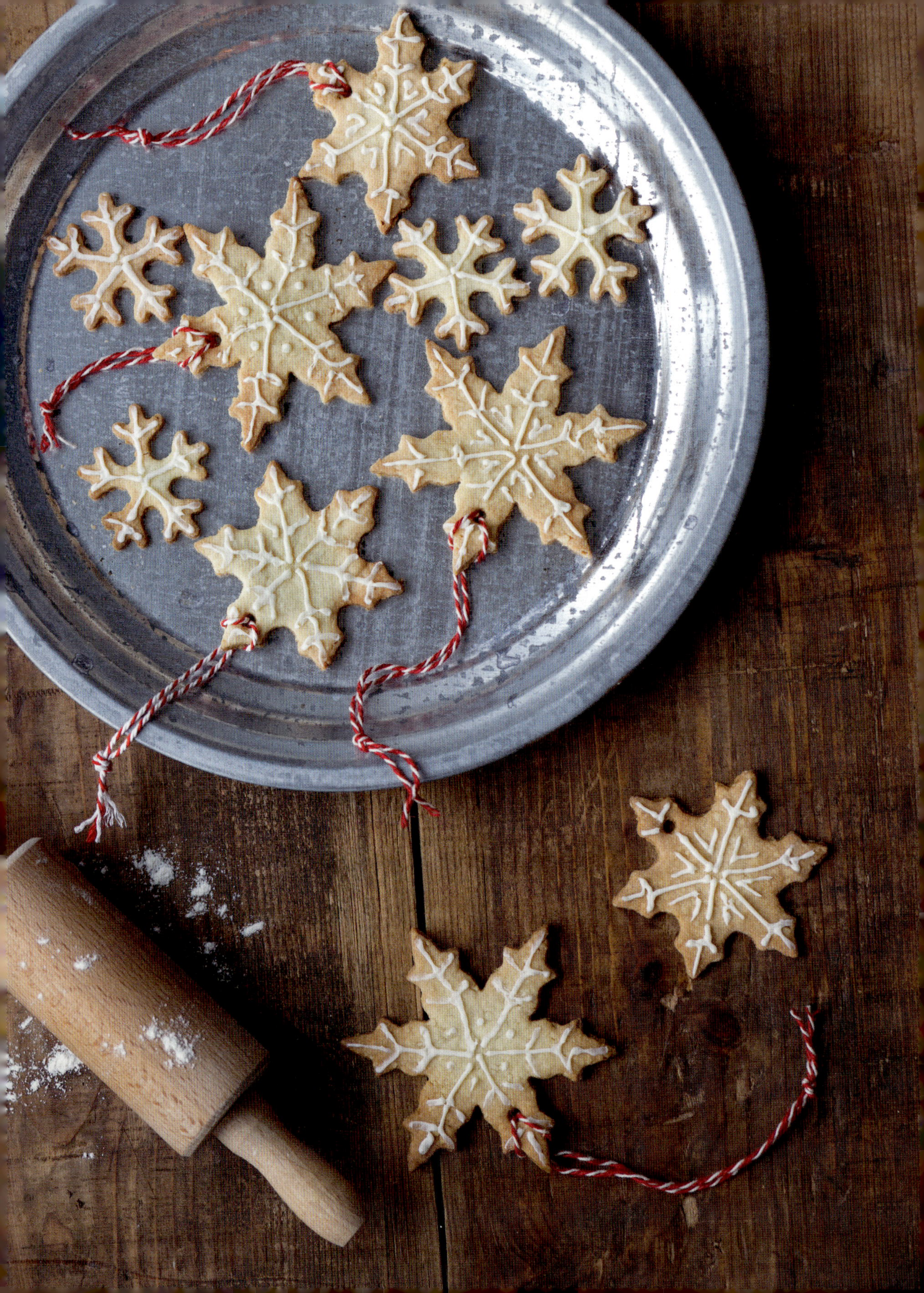

Schnee-flocken

❄

ergibt 30–40 Stück

200 g kalte Butter
85 g Zucker
1 Prise Salz
1 Ei
100 g gemahlene Mandeln
225 g Mehl
plus etwas für die Arbeitsfläche

250 g Puderzucker

Den Backofen auf 180 °C vorheizen. Butter, Zucker, Salz und Ei mit den Knethaken des Handrührgeräts zu einem Teig verarbeiten. Mandeln und Mehl mischen und nach und nach zugeben. Erst mit dem Handrührgerät, dann mit den Händen rasch verkneten. Zu einer Kugel formen und in Frischhaltefolie gewickelt 1 Stunde kalt stellen.

Den Teig auf einer bemehlten Arbeitsfläche ausrollen und Plätzchen ausstechen. Auf einem mit Backpapier ausgelegten Blech 8-10 Minuten im Ofen backen, auf Kuchengittern auskühlen lassen.

Puderzucker in eine Schüssel geben, nach und nach etwas Wasser zugeben und zu einer glatten Masse verrühren. Nur so viel Wasser zugeben, bis der Zuckerguss die gewünschte Konsistenz hat. In einen Spritzbeutel mit sehr kleiner Tülle füllen und die Sterne damit verzieren.

Florentiner ECKEN

ergibt 10–15 Stück

125 g zimmerwarme Butter
100 g Puderzucker
2 TL Abrieb einer Bio-Orange
1 Prise Salz
1 Ei
50 ml Sahne
250 g Mehl plus etwas zum Arbeiten

145 g Zucker
125 g gehobelte Mandeln
75 ml Sahne

50 g Zartbitterschokolade

Die Butter mit Puderzucker, Orangenabrieb, Salz, Ei und Sahne mit den Knethaken des Handrührgeräts vermengen. Das Mehl zugeben und zu einem glatten Teig verrühren. Ein Blech mit Backpapier auslegen, den Teig über die gesamte Fläche mit bemehlten Händen zu einem Rechteck flach drücken.

Den Backofen auf 175 °C vorheizen. Für den Belag den Zucker in einem Topf bei mittlerer Hitze unter Rühren karamellisieren lassen. Sobald er golden wird, die Mandeln unterrühren. Den Topf vom Herd nehmen, Sahne zugießen und rasch weiterrühren. Wieder auf den Herd stellen und kurz weiterrühren, bis die Mandeln etwas weicher sind. Die Masse zügig auf dem Teig verteilen und glatt streichen. 10–12 Minuten im Ofen backen. Falls der Belag zu dunkel wird, kurz mit Alufolie abdecken.

Aus dem Ofen nehmen, abkühlen lassen und mit einem scharfen Messer in Dreiecke schneiden. Schokolade grob hacken, über dem Wasserbad erhitzen, in eine Spritztüte mit kleiner Tülle oder in eine kleine Papiertüte füllen, die Ecke kurz abschneiden und die Florentiner mit der flüssigen Schokolade verzieren.

Frohes Fest

DAS BRAUCHST DU

Bleistift
Printblock
Schere
Linolschnittmesser
Holzklötzchen
Kleber

Stempelvorlagen
Seite 108

Stempel
HOMEMADE

SO GEHT'S

Gewünschtes Motiv mit Bleistift auf den Printblock zeichnen und diesen zurechtschneiden. Mit einem Linolschnittmesser zunächst die innenliegenden Formen herausarbeiten, anschließend das gesamte Motiv freilegen. Die Stempelform auf ein Holzklötzchen kleben und loslegen!

Geschenk Papier

Kopiervorlage
Etiketten
Seite 104

Tipp: Aus dem Sud, in dem die Äpfel gedünstet werden, lässt sich ein köstlicher Punsch zaubern: Dafür nach Geschmack mit etwas Wasser oder Apfelsaft auffüllen, erneut erwärmen und Rosinen oder unbehandelte Orangenscheiben dazugeben.

Bratapfelkuchen
mit Marzipan-Orangen-Füllung

ergibt 1 Kuchen (ø 26 cm)

8 kleine Äpfel
1 Orange
650 ml Apfelsaft
125 ml Rum
1 TL Zimt
100 g Zucker

150 g Marzipanrohmasse
100 g milde Orangenmarmelade

125 g zimmerwarme Butter plus
etwas für die Form
150 g Mehl plus etwas für die Form
2 TL Backpulver
100 g Zucker
2 EL Vanillezucker
3 Eier
100 g Zartbitterschokolade
Puderzucker zum Bestäuben

Die Äpfel schälen und mit einem Apfelausstecher von ihren Kerngehäusen befreien. Die Orange auspressen und den Saft mit dem Apfelsaft und dem Rum in einen großen Topf geben. Zimt und Zucker dazugeben und kurz aufkochen lassen. Die Äpfel in den Sud legen und zugedeckt etwa 10 Minuten dünsten. Das Obst aus dem Sud heben, abtropfen und etwas abkühlen lassen.

Für die Füllung das Marzipan klein schneiden und zusammen mit der Orangenmarmelade in eine Schüssel geben. Mit den Quirlen des Handrührgeräts verrühren.

Backofen auf 175 °C vorheizen. Eine Springform buttern und mit Mehl ausstreuen. Für den Teig Butter, Mehl, Backpulver, Zucker und Vanillezucker mit den Quirlen des Handrührgeräts verrühren. Die Eier dazugeben und ebenfalls verrühren. Die Schokolade grob hacken, in einen kleinen Topf geben und über dem Wasserbad schmelzen. Anschließend die Schokolade unter den Teig ziehen.

Teig in die vorbereitete Springform füllen und glatt streichen. Äpfel auf den Teig setzen, leicht andrücken und mit der Marzipan-Orangen-Masse füllen. Den Kuchen im vorgeheizten Backofen 45–50 Minuten backen. Nach 15 Minuten empfiehlt es sich, den Kuchen mit Alufolie abzudecken, damit er nicht zu dunkel wird. Auf einem Kuchengitter auskühlen lassen und vor dem Servieren mit Puderzucker bestäuben.

Rumkugeln
ergibt 8 Stück

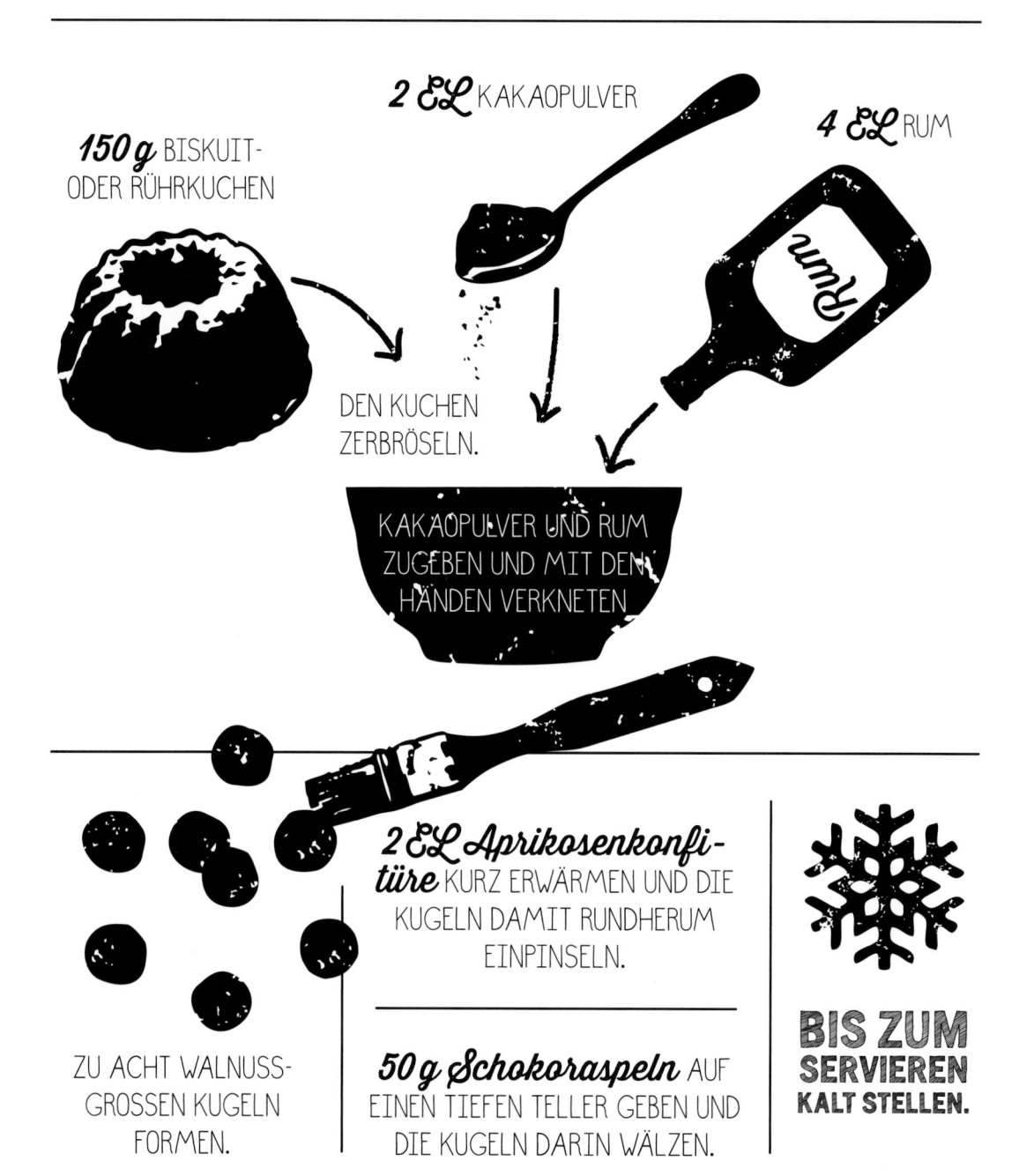

150 g BISKUIT- ODER RÜHRKUCHEN

2 EL KAKAOPULVER

4 EL RUM

DEN KUCHEN ZERBRÖSELN.

KAKAOPULVER UND RUM ZUGEBEN UND MIT DEN HÄNDEN VERKNETEN.

ZU ACHT WALNUSSGROSSEN KUGELN FORMEN.

2 EL Aprikosenkonfitüre KURZ ERWÄRMEN UND DIE KUGELN DAMIT RUNDHERUM EINPINSELN.

50 g Schokoraspeln AUF EINEN TIEFEN TELLER GEBEN UND DIE KUGELN DARIN WÄLZEN.

BIS ZUM SERVIEREN KALT STELLEN.

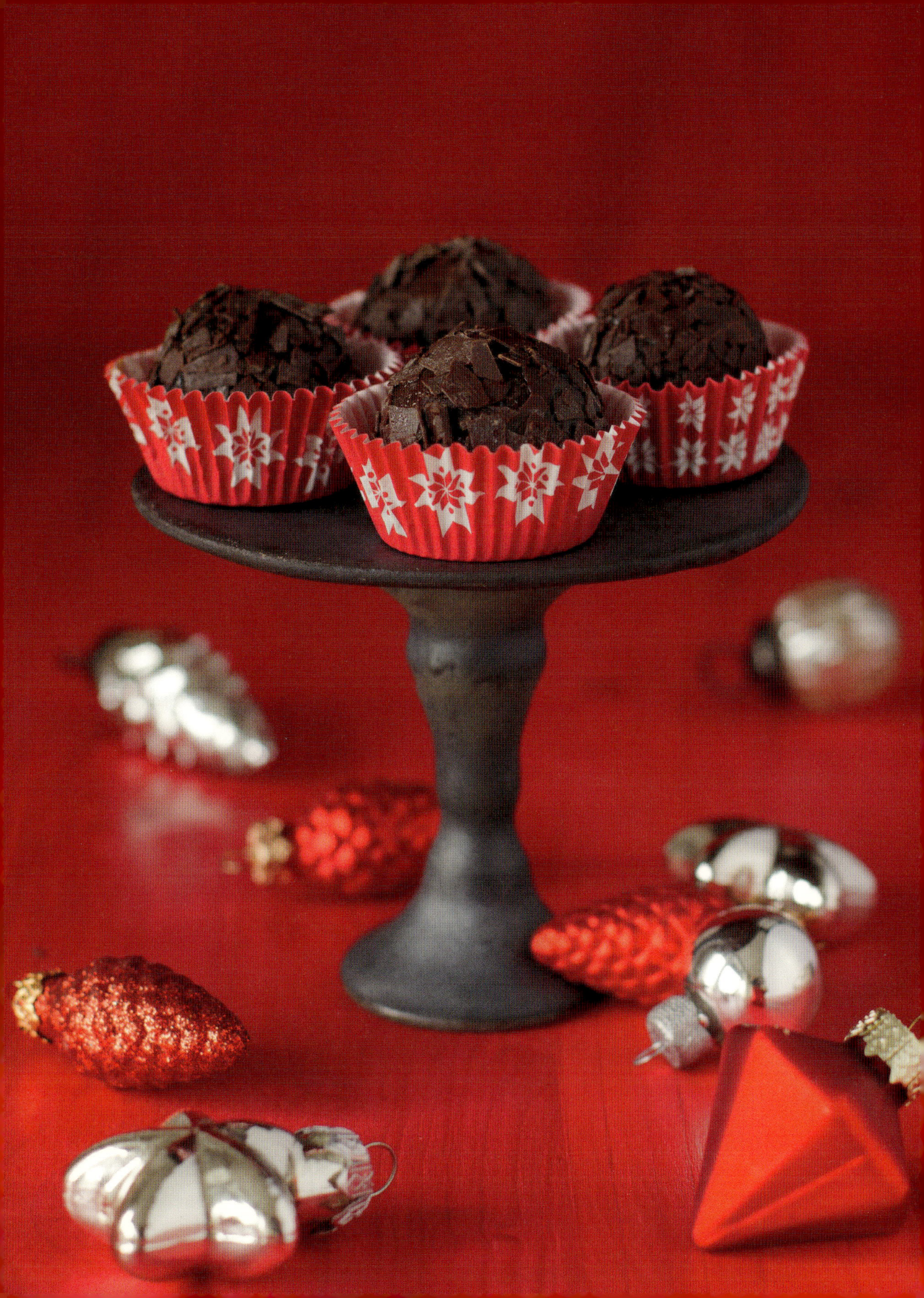

Weihnachts-KUGELN

DAS BRAUCHST DU

Holzkugeln in verschiedenen Größen
Sprühlack
goldene Schnur

SO GEHT'S

Holzkugeln in verschiedenen Größen aus dem Bastelladen mit Sprühfarbe lackieren und trocknen lassen. Eine goldene Schnur durch die Kugeln ziehen, um die unterste umschlagen und durch die anderen Kugeln zurückführen. Die beiden Enden verknoten und das Haus mit dem neuen Anhänger schmücken!

ZOLLSTOCK-STERNE

SO GEHT'S

Farbige Zollstöcke findet man in verschiedenen Größen im Fachhandel. Einfach die Zollstöcke in Sternenform falten, aufhängen und fertig!

Oh TANNEN-BAUM

SO GEHT'S

Erinnerungen aufhängen

Alte Familienfotos finden sich auf jedem Dachboden. Mit Masking Tape in Form eines Tannenbaums an die Wand geklebt, machen sie das Fest der Liebe perfekt. So können Groß und Klein in alten Zeiten schwelgen.

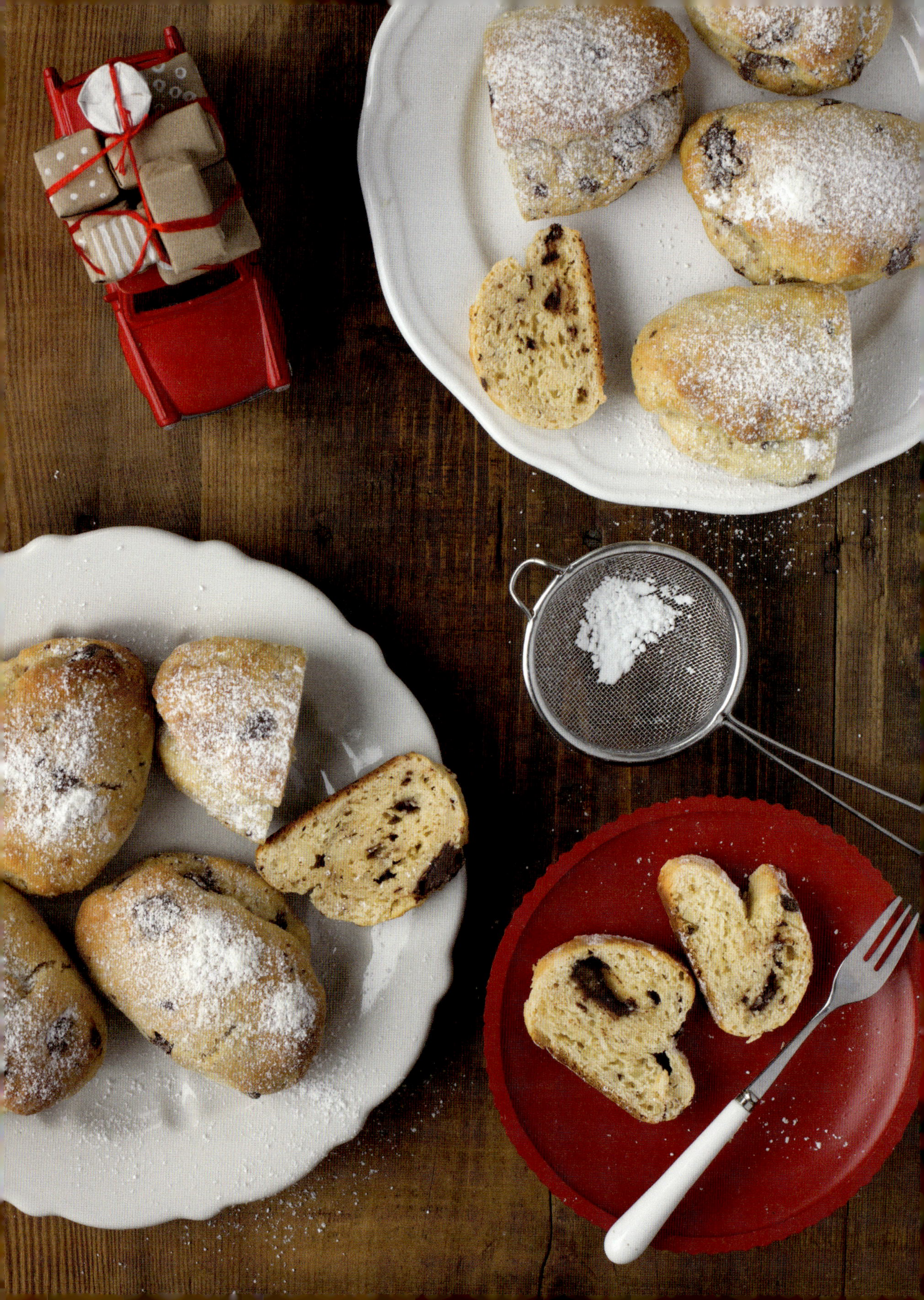

Mini Stollen

ergibt 10 Stück

275 g Magerquark
150 g Zucker
1 EL Vanillezucker
45 ml Rapsöl
2 Eier
475 g Mehl
4 TL Backpulver
1 TL Zimt
100 g gehackte Mandeln
85 g kalte Marzipanrohmasse
100 g Schokolade

3 TL Butter
Puderzucker

Den Backofen auf 185 °C vorheizen. Quark, Zucker, Vanillezucker, Rapsöl und Eier mit den Quirlen des Handrührgeräts verrühren. Mehl, Backpulver, Zimt und Mandeln in einer zweiten Schüssel mischen, nach und nach zu der Quark-Ei-Masse geben und mit den Knethaken des Handrührgeräts vermengen. Marzipan raspeln, Schokolade grob hacken, zufügen und alles verkneten.

Aus dem Teig etwa 10 Kugeln formen, flach drücken und die Seiten wieder übereinanderschlagen. Auf ein mit Backpapier ausgelegtes Blech setzen und 18–20 Minuten backen.

Butter zerlassen und die Mini-Stollen noch warm damit bepinseln. Anschließend mit Puderzucker bestäuben.

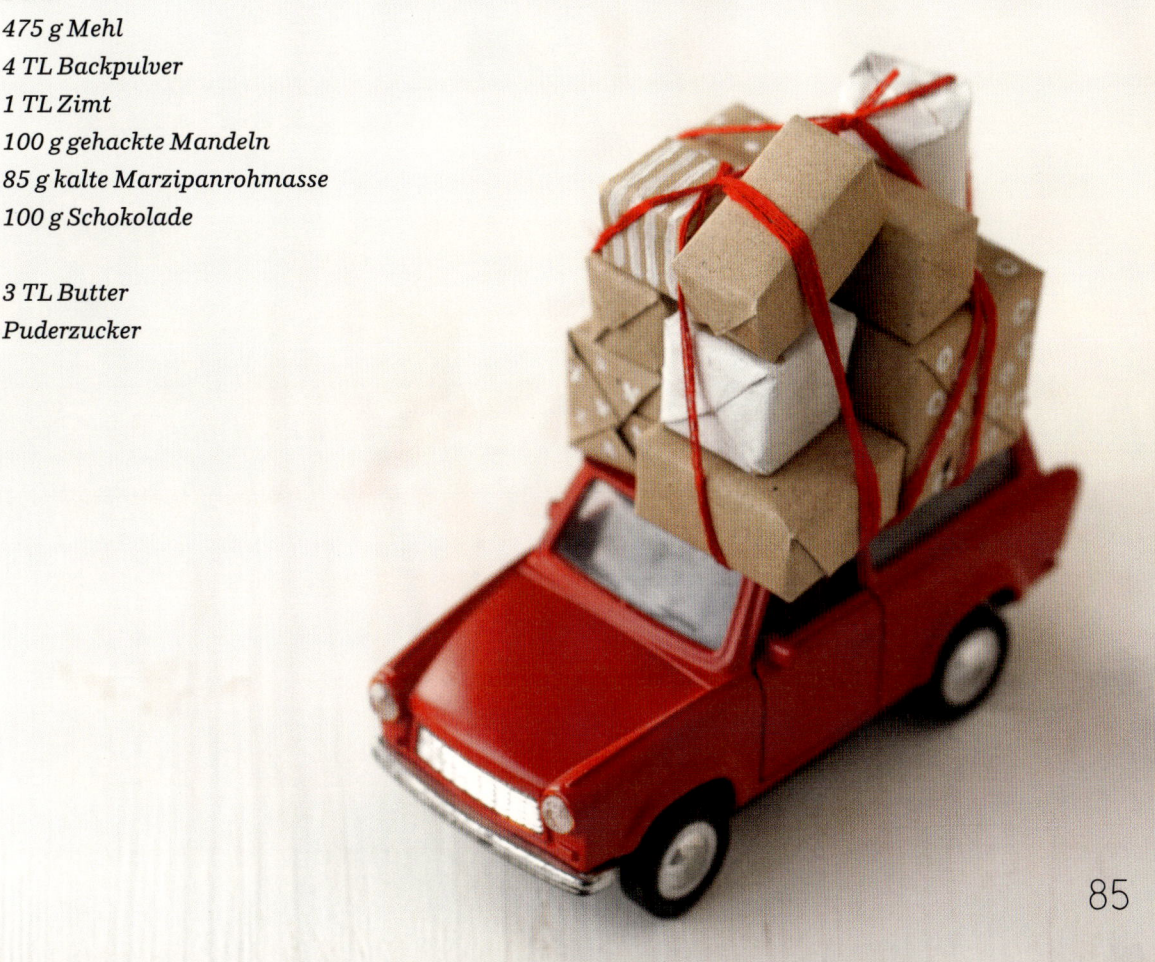

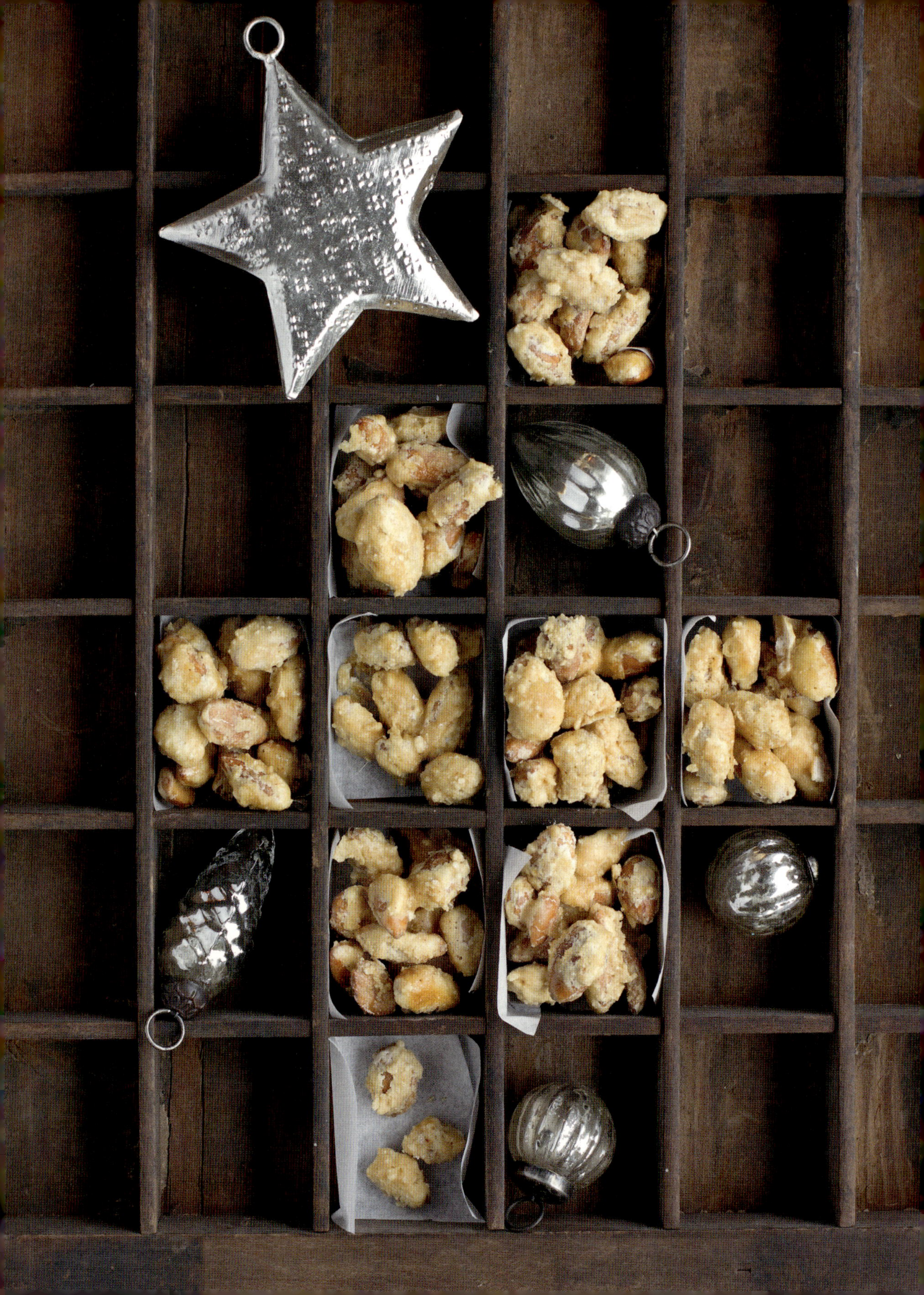

Gebrannte Mandeln

150 g Mandeln
150 g Zucker
1 TL Vanillezucker
1 Prise Zimt

Die Mandeln kurz in einem Topf mit kochendem Wasser blanchieren. Kalt abschrecken, abgießen und gut abtropfen lassen. Um die Mandeln zu häuten, die Kerne mit den Fingern aus der braunen Haut drücken und zurück in den Topf geben.

100 ml Wasser, Zucker, Vanillezucker und Zimt zugeben. Bei mittlerer Hitze den Zucker karamellisieren lassen, dabei kontinuierlich mit einem Holzlöffel rühren, damit nichts anbrennt! Die Masse ist zunächst flüssig, dann wird sie trocken und bröselig und zum Schluss beginnt das Karamell zu glänzen. Der ganze Prozess dauert etwa 12 Minuten. Nun rasch die Mandeln auf ein mit Backpapier ausgelegtes Blech geben und mit einer Gabel voneinander trennen, damit sie nicht zusammenkleben.

Tassen-KNÖDEL

DAS BRAUCHST DU

Stöckchen
(gekauft oder aus dem Wald)
Heißkleber
alte Tasse
Kokosfett (z. B. Palmin)
Vogelfuttermischung
Schnur

SO GEHT'S

Ein etwa 8 cm langes Stöckchen mit Heißkleber möglichst am Rand des Tassenbodens fixieren. Anschließend das Kokosfett in einem Topf schmelzen und die Vogelfuttermischung im Verhältnis 1:1 einrühren. Die Masse in die Tasse füllen und abkühlen lassen. Eine Schnur durch den Henkel ziehen und die Tasse im Garten aufhängen oder an Vogelfreunde verschenken.

Gugelhupf
KRANZ

DAS BRAUCHST DU

Gugelhupfform
Sand
4 Stabkerzen
Weihnachtsbaumschmuck
Schnur

SO GEHT'S

Eine Gugelhupfform bis zur Hälfte mit Sand füllen und vier Stabkerzen hineinstecken. Darauf achten, dass sie sicher stehen und nicht wackeln. Mit Weihnachtsschmuck bedecken, bis kein Sand mehr sichtbar ist.

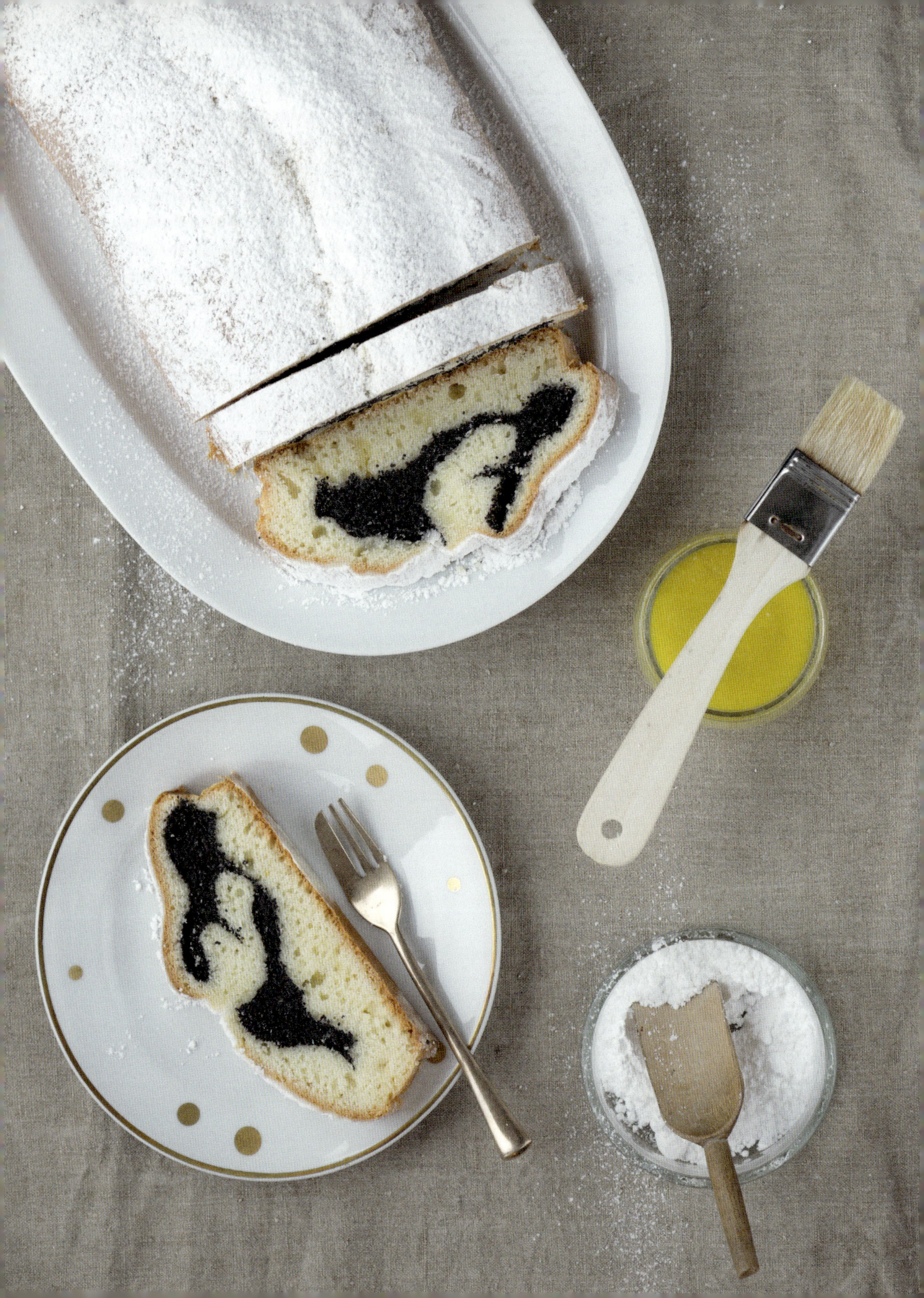

Mohnstollen

ergibt 1 Stollen

40 g zerlassene Butter
65 g Zucker
200 g gemahlener Mohn
50 ml Milch
1 Ei

75 g Zucker
1 TL Vanillezucker
1 Prise Salz
75 g zimmerwarme Butter
2 Eier
1 TL Abrieb einer Bio-Orange
125 g Magerquark
400 g Mehl plus etwas zum Arbeiten
½ Päckchen Backpulver

50 g zerlassene Butter
5 EL Puderzucker

Den Backofen auf 200 °C vorheizen. Die Zutaten für die Mohn-Füllung in eine Schüssel geben und vermengen. Für den Teig Zucker, Vanillezucker, Salz, Butter, Eier, Orangenabrieb und Magerquark mit den Knethaken des Handrührgeräts vermengen. Mehl und Backpulver mischen und nach und nach zu den Zutaten geben. Es sollte ein fester Rührteig entstehen. Ein Blech mit Backpapier auslegen und großzügig mit Mehl bestreuen. Den Teig auf der gesamten Fläche mit bemehlten Händen zu einem Rechteck drücken. Die Mohnfüllung darauf verstreichen. Von einer Längsseite ein Drittel einschlagen und die andere Längsseite darüberschlagen, sodass eine Stollenform entsteht. Aus Alufolie eine Manschette falten und um den Stollen legen, damit er beim Backen nicht auseinanderläuft.

Den Stollen 10 Minuten backen. Dann die Temperatur auf 175 °C reduzieren und 45–50 Minuten weiterbacken, bis er goldgelb ist. Den Stollen aus dem Ofen nehmen und, solange er noch warm ist, mit geschmolzener Butter bestreichen. Mit Puderzucker bestäuben. Ein zweites Mal mit Butter bestreichen und nochmals mit Puderzucker bestäuben.

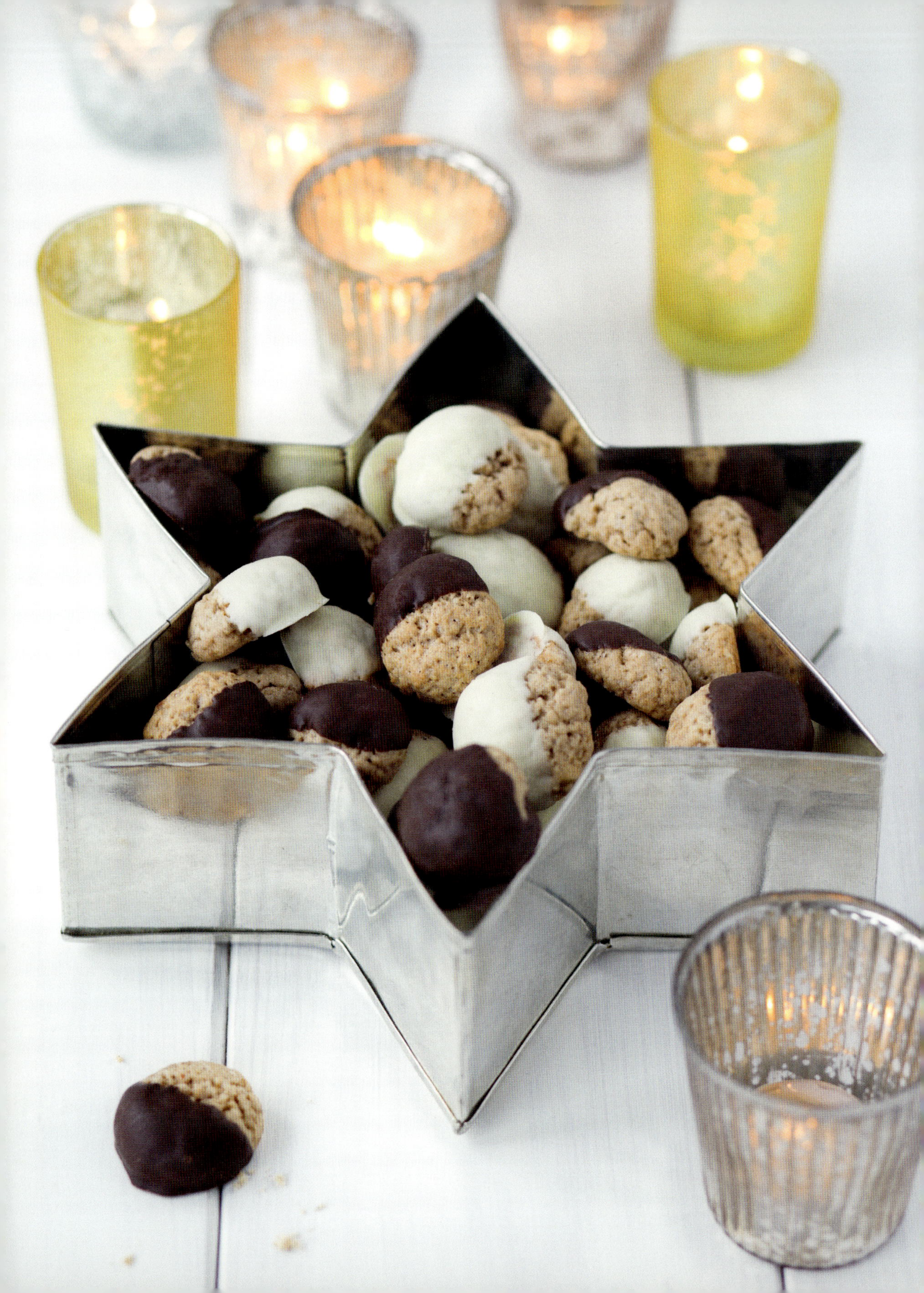

Holländische Pfeffernüsse

---
ergibt 50–60 Stück
---

100 g zimmerwarme Butter
125 g brauner Zucker
250 g Mehl
2 TL Backpulver
2 TL Lebkuchengewürz
50 ml Milch
100 g weiße Kuvertüre
100 g Zartbitterkuvertüre

Den Backofen auf 180 °C vorheizen. Butter und Zucker mit den Knethaken des Handrührgeräts schaumig schlagen. Mehl, Backpulver und Lebkuchengewürz mischen und unterheben. Milch zufügen und alles zu einem Teig verkneten.

Kleine Bällchen formen (Ø 2,5 cm) und auf ein mit Backpapier belegtes Blech setzen. 15 Minuten backen, auf Kuchengittern abkühlen lassen. Die weiße und die dunkle Kuvertüre jeweils getrennt in einem Topf über dem heißen Wasserbad schmelzen. Die eine Hälfte der Kekse in die weiße Kuvertüre tunken, die andere Hälfte in die dunkle.

Kupfer Liebe

Kupferstern

Kupferstern siehe Seite 100

Kupferdosen

SO GEHT'S

Die Dose zunächst mit weißem Lack grundieren und trocknen lassen. Dann mit dem kupferfarbenen Lack von unten nach oben ansprühen und auslaufen lassen, sodass ein weicher Übergang entsteht.

SO GEHT'S

Die Dose mit kupferfarbenem Lack grundieren und die Farbe trocknen lassen. Mit Masking Tape ein Dreieck abkleben, das über den Deckel läuft, den Rest mit Papier abdecken. Mit türkisfarbenem Lack ansprühen.

DAS BRAUCHST DU

Blechdosen
Sprühlack in Weiß, Kupfer und Türkis
Masking Tape

Duokugeln siehe Seite 100

Kerzenständer

DAS BRAUCHST DU

Alte Kerzenständer
Sprühlack in Kupfer
und Türkis
Masking Tape
altes Zeitungspapier

SO GEHT'S

Alte Kerzenständer aus Glas oder Porzellan mit dem Fuß nach oben auf eine alte Unterlage stellen. Mit kupferfarbenem Sprühlack grundieren und trocknen lassen.
Den Kerzenständer wieder richtig herum aufstellen, den äußeren Teil komplett abkleben. Dafür an der oberen Kante ganz exakt mit Masking Tape arbeiten, unten reicht altes Zeitungspapier. Nun den oberen Teil bzw. die Innenseite mit türkisfarbenem Lack ansprühen.

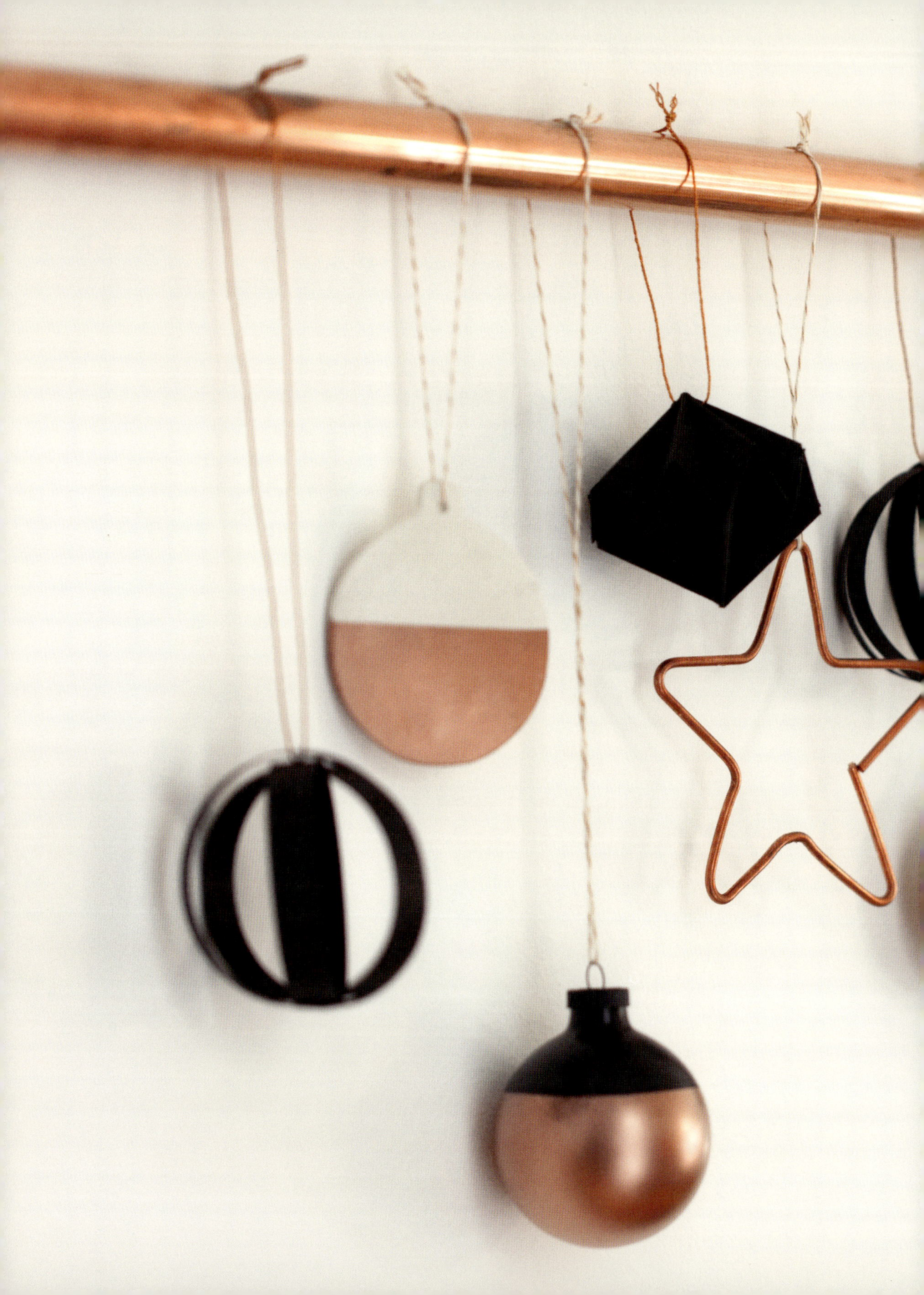

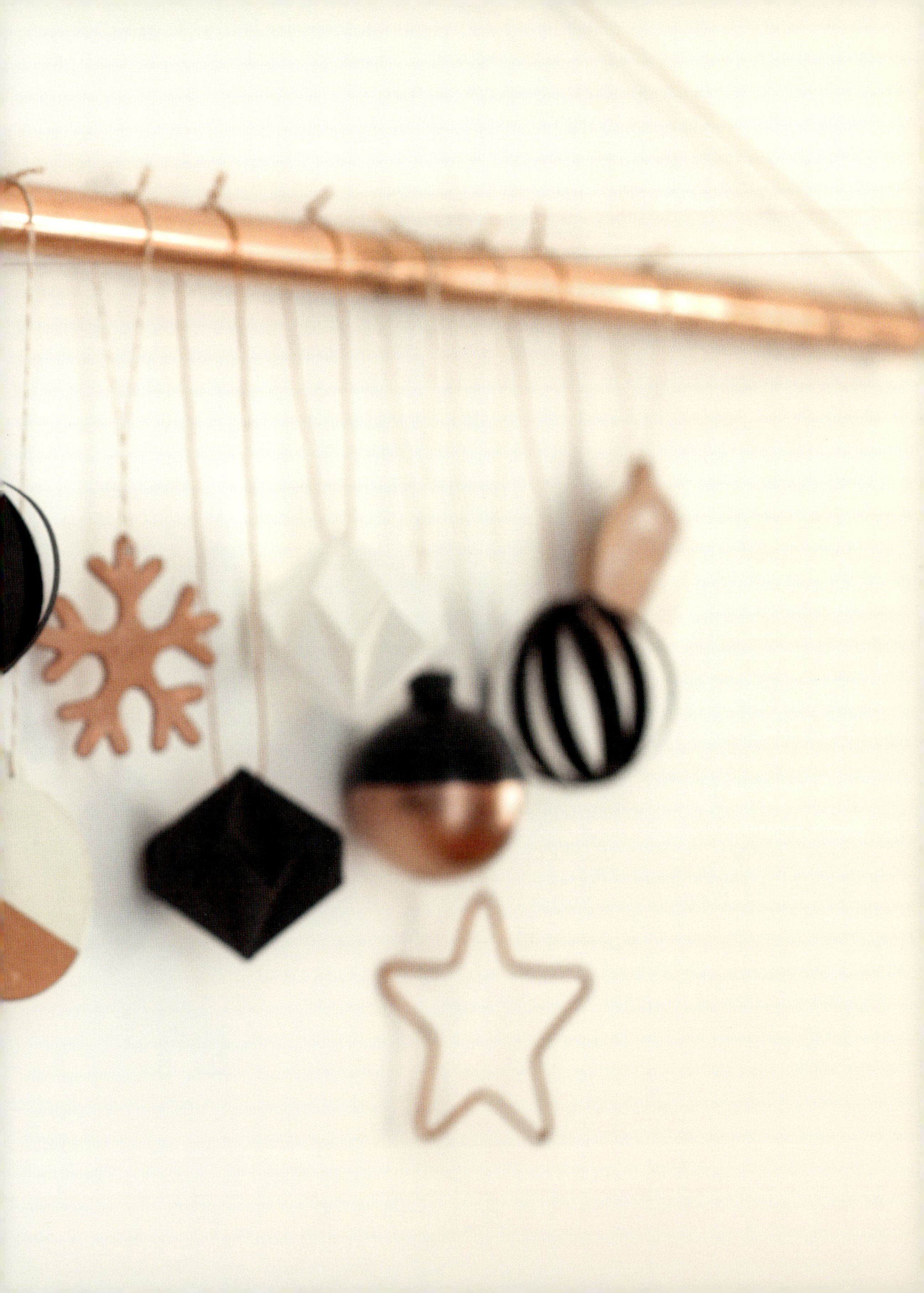

Papierkugeln

SO GEHT'S

Aus Fotokarton drei etwa 20 cm lange und 5 mm breite Streifen schneiden und jeweils an den Enden zusammenkleben.

Die drei nun entstandenen Ringe wie abgebildet ineinanderstecken und an einem der Knotenpunkte zusammenkleben.

Ausstechornamente

SO GEHT'S

Weiße Modelliermasse etwa 3 mm dick ausrollen. Mit Keksausstechern beliebige Formen ausstechen. Trocknen lassen.
Die ausgestochenen Elemente mit Sprühfarbe lackieren, nach Wunsch vorher mit Tape abkleben. Farbe trocknen lassen, dann mit glänzendem Klarlack fixieren.

Duokugeln

SO GEHT'S

Alte Christbaumkugeln mit schwarzer Sprühfarbe lackieren, trocknen lassen. Die untere Hälfte mit Tape und Zeitungspapier abkleben und mit Sprühfarbe in Kupfer lackieren.

Kupferstern

SO GEHT'S

Einen etwa 3 mm dicken Kupferstab mit einer Zange in Sternform biegen.

SO GEHT'S: Ein Papierquadrat viermal wie abgebildet falten und zusammenschieben.
Die fetten Linien zeigen die neuen Positionen der Falzkanten.

Papier Diamant

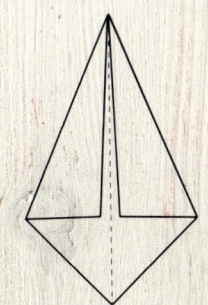

Die äußeren Ecken nach innen falten, das Papier wenden und dasselbe wiederholen. Das untere Dreieck abschneiden.

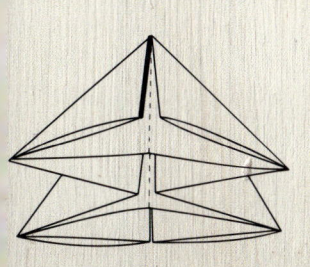

Ansicht von vorne.   Obere Seite aufklappen und die Falz nach innen stülpen.   Die unteren Ecken nach innen knicken.

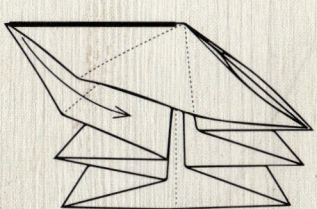

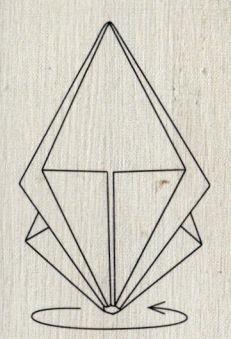

Rundherum wiederholen.   Aufklappen – aber nicht glatt streichen.   Die Falzkanten - hier fett markiert - nach innen ziehen.   Das Ganze mit einem zweiten Papierquadrat wiederholen. An den weiß dargestellten Flächen beide Formen zu einem Diamanten zusammenkleben.

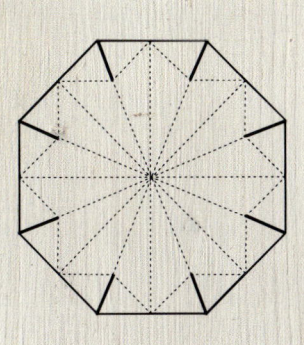

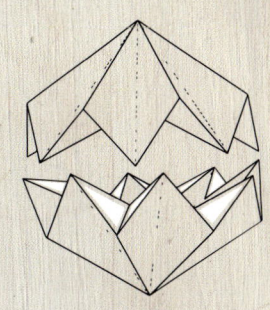

DO IT YOURSELF

Im Advent ist die Zeit knapp, deswegen haben wir für euch schon einmal vorgearbeitet. Auf den folgenden Seiten findet ihr alle Kopiervorlagen, die zum weihnachtlichen Basteln benötigt werden. Welche Farben und Größen ihr dabei wählt, ist ganz euch überlassen. Ansonsten gilt: Durchstöbert eure Schränke und Schubladen nach altem Porzellan und Weihnachtsschmuck, kleinen Gläsern und Dosen und lasst euch inspirieren.

Kopiervorlagen

103

✂ *Kopiervorlagen*

Die Etiketten auf ein festes Papier oder auf Pappe kopieren und ausschneiden. Um ein Band durchziehen zu können, am oberen Rand lochen.

DRIVING HOME FOR CHRISTMAS

FROHES FEST

Kopiervorlagen

FÜR DICH

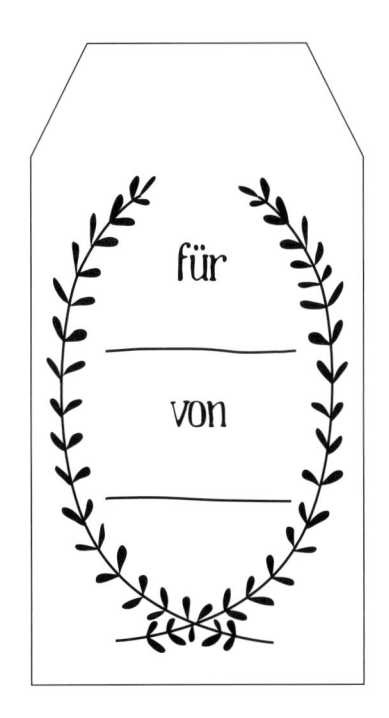

für
___
von
___

105

Kopiervorlagen

Kopiervorlagen

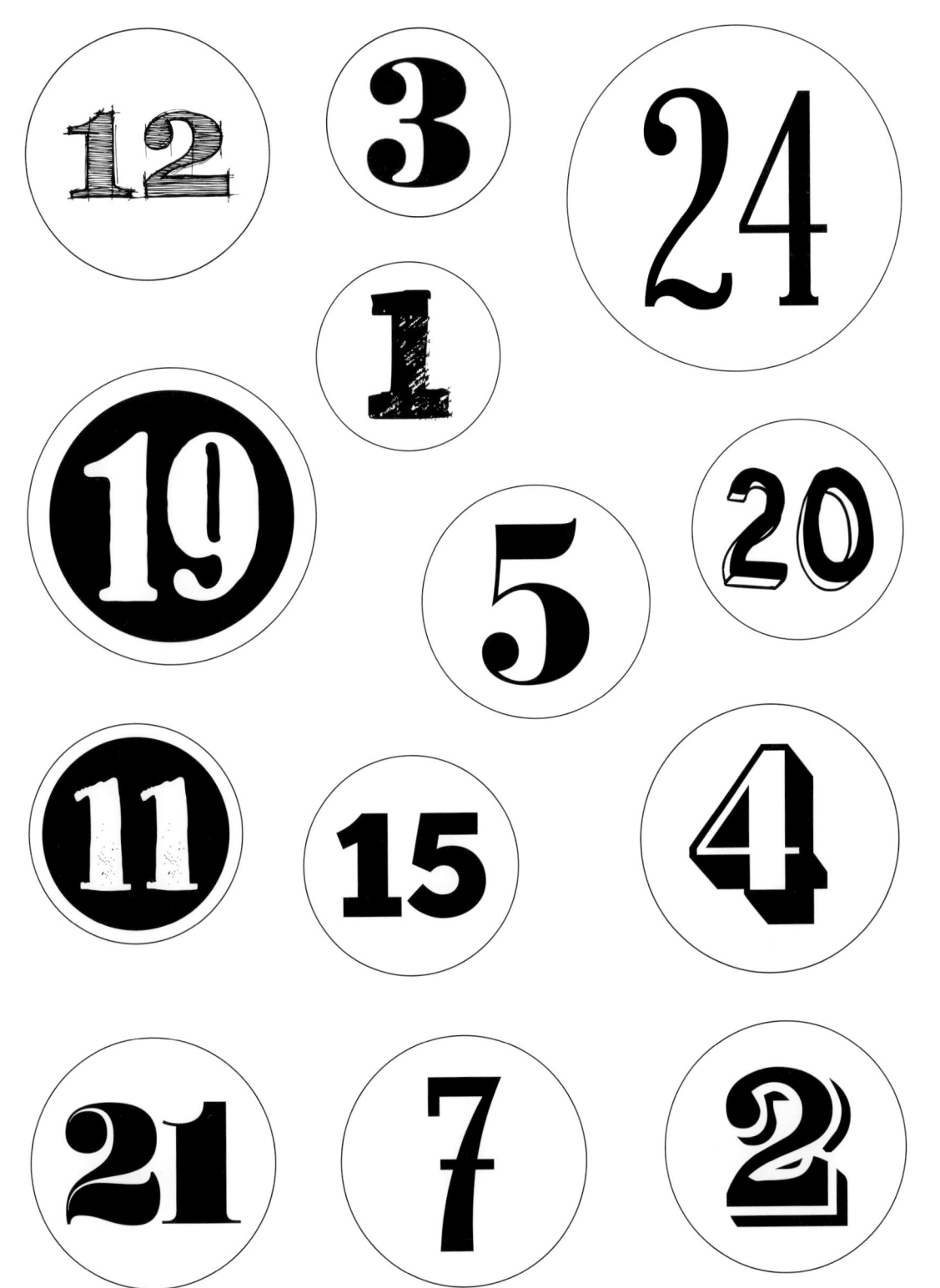

12 3 24 1 19 20 5 11 15 4 21 7 2

✂ *Kopiervorlagen*

108

Register

65 Adventskalender	30 Pistazienkekse
62 Adventskalender im Glas	67 Rosinen-Aprikosen-Kekse
77 Bratapfelkuchen	78 Rumkugeln
21 Feine Haferflockenkekse	24 Schälchen
70 Florentiner Ecken	69 Schneeflocken
74 Geschenkpapier	58 Schoko-Kokos-Makronen
15 Glitzergläser	33 Schokoküchlein
41 Glühwein-Gelee	61 Spekulatius-Himbeerzauber
14 Goldener Hirsch	72 Stempel homemade
36 Goldiges Porzellan	89 Tassenknödel
11 Grümmelplätzchen	47 Vanillekipferl
90 Gugelhupf-Kranz	42 Vanille-Mandel-Tartelettes
12 Handpies mit Pflaumenfüllung	17 Wärmekissen
22 Heiße Schokolade	09 Weihnachtliche Cantuccini
95 Holländische Pfeffernüsse	100 Weihnachtsanhänger
45 Jutepost	80 Weihnachtskugeln
103 Kopiervorlagen	27 Weihnachtspost
96 Kupferliebe	34 Weihnachtstarte
19 Mandelhörnchen	49 Winterapfelplätzchen
29 Marzipanwaffeln	55 Winterland
85 Mini-Stollen	38 Zementgebirge
87 Gebrannte Mandeln	56 Zementhäuser
93 Mohnstollen	52 Zimtschnecken-Kekse
25 Nussknacker	81 Zollstocksterne
83 Oh Tannenbaum	

DIE AUTOREN

Lisa Nieschlag und Lars Wentrup sind Diplom-Designer und arbeiten seit 2001 gemeinsam in ihrer Agentur im Herzen von Münster. Privat verbringt Lisa ihre Zeit am liebsten in der Küche beim Kochen und Backen, Stylen und Fotografieren. Lars ist nicht nur Designer und Illustrator, sondern auch selbst ernannter Feinschmecker und Testesser. Ein perfektes Team also! Nach »Grüße aus meiner Küche« ist es das zweite im Hölker Verlag erschienene Buch der beiden.

Julia Cawley hat es der großen Liebe wegen nach Brooklyn verschlagen, wo sie als freie Fotografin ihr Talent beweist. Für Familienbesuche und nicht zuletzt, um Lisa und Lars bei ihren kreativen Projekten zu unterstützen, kehrt die Münsteranerin gerne in ihre alte Heimat zurück.

Gemeinsam betreiben Julia und Lisa einen den Großen Teich überwindenden Food-Blog:
www.lizandjewels.com

Impressum

ISBN 978-3-88117-939-3
© 2014 Hölker Verlag im Coppenrath Verlag GmbH & Co. KG,
Hafenweg 30, 48155 Münster, Germany
Alle Rechte vorbehalten, auch auszugsweise

www.hoelker-verlag.de

KONZEPT, GESTALTUNG UND SATZ:
Nieschlag + Wentrup, Büro für Gestaltung
www.nieschlag-und-wentrup.de

FOTOS:
Julia Cawley:
Seite 2, 3, 14, 15, 22, 24, 25, 26, 27, 36, 38, 41, 44, 45, 46, 50, 56, 57, 62, 64, 65, 72, 73, 74, 80, 81, 82, 85, 88, 90, 91, 96, 98, 99, 100 und Titel
Lisa Nieschlag:
Seite 4, 8, 10, 12, 13, 16, 17, 18, 20, 21, 28, 30, 31, 32, 33, 35, 36, 40, 43, 48, 51, 53, 54, 55, 58, 60, 61, 66, 67, 68, 71, 76, 79, 83, 84, 86, 89, 92, 93, 94, 108, 110
André Stephan:
Seite 6, 7, 111

ILLUSTRATIONEN:
Lars Wentrup

REDAKTION:
Lisa Frischemeier

DANKE
An Julia für die eingespielte und schöne Zusammenarbeit.

An Wolfgang Hölker und das Verlags-Team für das erneute Vertrauen in unser Können. Danke, dass wir mit diesem Buch schon ein zweites Mal einen Platz im Verlag finden durften!

An unsere Mitarbeiterin Tina, die mit voller Hingabe, Ausdauer und ihrem schier unerschöpflichen Kellerfundus die DIY-Projekte zur Vollendung brachte! Megagroßen Dank an dich!

An André Stephan, der uns mit seiner Kamera in den Wald begleitete und so gekonnt porträtierte. An Birgit von Garn&Mehr für die vielen hübschen Garnrollen, die im ganzen Buch zum Einsatz kamen. Katia und Julius dafür, dass wir in ihrem schönen Haus fotografieren durften.

Besonderer Dank auch an unsere Liebsten:
Friederike für die Unterstützung beim Rezepttesten. Michael für sein großes Verständnis: Unser Haus glich über Wochen einem Fotostudio mit Weihnachtsdekoration zur falschen Jahreszeit. Versprochen: Dieses Jahr gibt es Weihnachtsdeko nur im Advent!